AF295209

Platon
og
despoternes drejebog
– kort fortalt

Torbjørn Ydegaard

**Platon
og
despoternes drejebog
– kort fortalt**

© 2022, Torbjørn Ydegaard
Forlag: BoD – Books on Demand,
Hellerup, Danmark
Tryk: BoD – Books on Demand,
Norderstedt, Tyskland

ISBN: 9788743048152

Arbejdet er støttet med midler fra Copydan tildelt af Autorkontoen i Dansk Forfatterforening og Danske Skønlitterære Forfattere.

INDHOLD

PROLOG:

TRUSLERNE MOD DEMOKRATIET

To datoer kan stå som symboler på henholdsvis den indre og den ydre kamp imod demokratiet, sådan som vi kender det.

Den 6. januar 2021 viste med al tydelighed, at i hvert fald det amerikanske demokrati er truet af meget stærke, indre kræfter. Kræfter der er centreret omkring det ene af de to store politiske partier – Republikanerne – og således en integreret del af det amerikanske samfund. Dagen var kulminationen på et omfattende forsøg på et ramme en pæl gennem unionens demokratiske hjerte.

Den anden dato er den 24. februar 2022. Den dag invaderede Putins autokratiske Rusland, som en ydre kraft, den demokratiske nabo Ukraine, uden anden anledning, end at landet var demokratisk selvstyrende og at han ønskede at ændre det, at føre landets styre tilbage under eget enevælde, som reminiscens fra sovjettidens diktatur og zartidens imperium.

Mod det indre anslag, der ikke lykkedes, føres der langvarige undersøgelser og juridiske processer. Det kan synes, som om disse undersøgelser, og hvad der måtte komme ud af dem, er præget af langsommelighed. Men det er prisen for et institutionelt system, hvor det er fakta og lovgivning, der er styrende og ikke en mere eller mindre tilfældig autokrats forgodtbefindende, et system hvor man tiltales, domfældes og fængsles, hvis der er noget at komme efter, og ikke forgiftes med nervegift, slås ihjel med radioaktivt polonium eller skydes ned på åben gade for at tale magtmennesket imod. Putins invasion er som skolegårdens bølle (bøllesammenligningen understreges af Putins 'tøsefornærmede' reaktion på ukrainske angreb ind på russisk territorium: Sådanne angreb kaldes for feje terrorangreb, og de hævnes med raketter imod Kyiv) med de store overarme, der slår til én af de mindre elever fra 3. klasse. Mod dette ydre anslag, hvor udkommet i skrivende stund ikke er afgjort, synes der kun én vej frem: kampen med de militære midler. Her viser det sig, at det værdibaserede forsvar – kampen *for* éns hjemland, *for* éns folk osv. – er en så uhyre motivationsfaktor, at Putin aldrig vil kunne vinde freden, vinde *hearts and minds*. Vi ser det i de kæmpendes vrede og vi ser det i præsident Zelenskys transformation fra professionel komiker til meget synlig og kommunikativ leder for sit folk. Som man siger: *It's not the size of the dog in the fight, but the size of the fight in the dog.*

Foreløbig giver de to datoer, på trods af deres dystre fortællinger, altså basis for en vis optimisme på demokratiets vegne. Demokratiet er i betydelig bedre forfatning, end symptomerne tilsiger. Dets svanesang er ikke sunget endnu!

Alligevel kan meget gå galt. Med krigen i Ukraine optrappes modsætningen mellem Rusland og NATO faretruende, og kun en enkelt fejl – eller en gal mands manglende dømmekraft – kan udløse den atomkrig, der bliver det sidste vi alle oplever.

På de indre linjer taler samtidshistorien sit tydelige sprog: Fire år med Donald Trump i Det Hvide Hus efterlader et republikansk parti i USA, der fortsat hylder ham som den store leder, på trods af et voldeligt forsøg på at sætte den demokratiske proces ud af spillet. Det er dybt problematisk. Gennem Europa går et tilsvarende ultranationalistisk spøgelse: Ungarns Viktor Orbán står i spidsen for et illiberalt regime med autoritære træk, der blandt andet aktivt begrænser ytringsfriheden, og Polens Jarosław Kaczyński indsætter politisk udpegede dommere.

Disse traditionelt borgerlige partier, der tidligere plejede de store virksomheders og det frie markeds interesser med en politik om mindst mulig stat, har tilsyneladende mistet troen på eget værdigrundlag, både når det gælder økonomien og når det gælder demokratiet. De anser liberalismen for brudt sammen. Derfor bliver de illiberale. De ser fjendebilleder overalt – i medierne, på de sociale medier, i de kreative klasser osv. Derfor er strategien i dag tosidig: Dels at knægte befolkningernes frihed til at tænke og handle i overensstemmelse med egne værdier. Dels at sejre gennem at overtage det statsapparat, de tidligere bekæmpede, ved at lade sig vælge til tillidsposter til alt fra skolebestyrelser til parlamenter i det venstrefløjsaktivisten Rudi Dutschke for fem årtier siden kaldte 'den lange march gennem institutionerne' – og meget gerne ved brug af udemokratiske metoder, der på forskellig vis skal afskrække modstandernes vælgere fra at sætte kryds på stemmesedlen.

På den anden politiske fløj findes tilsvarende ildevarslende tendenser i blandt andet *woke-* og krænkelseshysteriet – når vi af hensyn til mørkhårede ikke længere kan synge *Den danske sang er en ung blond pige*, når grundlæggeren af Kunstakademiet, Frederik 5., får sin buste smidt i havnen, for at *italesætte de måder, hvorpå kolonitiden er usynliggjort, men stadig har direkte konsekvenser for minoritetsgjorte mennesker* (Dirckink-Holmfeld i DR Deadline), og når latino- og afroamerikanske byrådspolitikkere i New York får fjernet en statue af Thomas Jefferson fra byens rådhus, fordi han, udover at være hovedforfatter til Uafhængighedserklæringen og dermed en af grundlæggerne af det moderne demokrati, også holdt slaver og havde børn med én af dem. Historiske begivenheder, der ligger flere hundrede år tilbage i tiden, vurderes på den måde med nutidens målestok. Eksemplet med Jefferson (Böss 2021) er måske det mest illustrative. Da han i 1776 i Uafhængighedserklæringen skrev, at "alle" er i besiddelse af en række ukrænkelige rettigheder, tænkte han og alle andre kun på hvide mænd. Først senere, og efter seje kampe, blev slaveuvæsenet ophævet og kvinder, farvede og andre 'perifere' grupper fik stemmeret. Tidsånden ændrer sig, heldigvis. Men kan vi dømme fortidens opfattelser efter dagens ditto? Hvordan vil vi selv blive bedømt om 100 år?

Dette er blot de fremmeste eksempler på de antidemokratiske bevægelser, der hjemsøger den vestlige, og traditionelt demokratiske, verden. Andre, og også mere nedefra drevne bevægelser og bevægelser med andre politisk fortegn, lægger sig i slipstrømmen fra opgøret med det liberale demokrati og den markeds- og blandingsøkonomi, det ofte er forbundet med.

Det er ikke vanskeligt at pege på årsager til den utilfredshed, der er motoren bag de anti-demokratiske strømninger:

Først og fremmest oplever mange mennesker – rigtigt mange mennesker – at den mere eller mindre statsregulerede markedsøkonomi ikke leverer på det materielle plan. New Public Management og styring gennem budgetter, sådan som vi inden for det offentlige har oplevet det i Danmark de sidste 20 – 30 år, har flyttet fokus fra mellemmenneskelig kvalitet til pekuniær kvantitet – og det bliver medarbejderne syge af og borgerne får ikke det, de forventer! Uligheden er blevet så stor, både nationalt og internationalt, at det er grotesk. De otte rigeste personer globalt ejer og styrer i dag halvdelen af verden. Deres beslutninger unddrager sig enhver demokratiske kontrol, samtidig med at konsekvenserne af deres beslutninger berører os alle. Især er det tydeligt på de sociale medier og når public service-fjernsynet går fra klassiske flow-TV til streaming-TV, hvor tech-giganterne fra Silicon Valley, gennem platformenes algoritmer styrer det indhold, vi som brugere præsenteres for. Risikoen er, at det fremmer ensrettede og egoistiske stammesamfund. Vi går fra at se nogenlunde det samme, og dermed fra at have et fællesskab på tværs af interesser, til at se det, tech-giganternes algoritmer tilbyder os. Det sorterer alle de inputs fra, som vi ikke forholder os positivt til – og dem bliver vi således ikke bekendt med.

Når middelklassen så gennem de sidste 30 – 40 år har oplevet stilstand eller direkte tilbagegang i levestandard – sådan som det er sket i store dele af verden – fortabes tilliden til kombinationen af liberalt demokrati og markedsøkonomi. Sådan er det i høj grad i USA og i store dele af Europa.

For mange mennesker i de lande, der efter Murens fald og elimineringen af kommunismens svøbe, troede og håbede på økonomiske mirakler og materiel fremgang, blev de efterfølgende årtier kendetegnet ved bristede forventninger, mistillid og efterhånden direkte modvilje mod det demokratiske ideal.

Læg dertil frygten for både de globale klimaændringer, og hvad en tilpasning til dem vil betyde for den personlige livsstil og det frie valg samt politikernes manglende mod og evne til konkret at håndtere udfordringerne, fordi ethvert tiltag uvægerligt vil støde vælgegrupper væk. Så har man den basale vrede og usikkerhed, der danner grundlag for Stormen mod demokratierne. Sådan er det i høj grad for den lavere middelklasse, for det er den gruppe, der føler at have mest at tabe, både som konsekvens af klimaforandringerne og de forskellige tilpasningsforslag.

Når alt dette er sagt, er det dog værd at bemærke, hvem der udgjorde hovedparten af den gruppe, der stormede Kongressen den 6. januar 2021, og hvad den primære drivkraft bag Stormen var. Det var nemlig ikke en elendig økonomi, manglende arbejde eller social udsathed, der drev horden af mennesker op ad trapperne mod det amerikanske parlament. Langt de fleste af oprørerne var familiefædre fra den bedrestillede del af middelklassen. Og de kom fra amter og stater som Joe Biden vandt – altså områder, hvor der var overtal af demokratiske vælgere. De var drevet af en frygt for det, der kaldes *the great replacement* – udsigten til at bykvarterer, byer, kommuner, amter, stater eller hele nationen er ved at blive overtaget af afro-amerikanere og latinoer. Det er den demografiske udvikling, der skræmmer dem. Risikoen er for det første, mener de, at når der flytter ’farvede’ ind i et ’hvidt’ bykvarter, vil boligpriserne falde. Det kan betyde ruin for dem, der har investeret pensionsformuen i grunde og huse i netop det kvarter! For det andet kan en demografisk forskydning på kommunalt niveau og derover betyde, at traditionelle ’hvide’ værdier udfordres på forskellig vis. Det er i høj grad den frygt, som demagoger som Trump og Orbán nærer og næres af. Vi genkender frygten også fra vore mere hjemlige breddegrader!

Denne indre utilfredshed med demokratierne giver sig grundlæggende udtryk i to former for modstand; den passive og den aktive modstand.

Den aktive modstand mod de klassiske demokratier ser vi i Stormen mod Kongressen, i de ultranationalistiske politikker i det gamle Østeuropa, og i De Gule Veste og ligesindedes demonstrationer i Frankrig og mange andre steder.

Den passive modstand har mere karakter af overgivelse, afmagt og opgivenhed – den sløver sindet, og åndeligt fjerner den mennesket fra det demokratiske fællesskab og sender det i retning af forbrug og 'shopamok'. Filosoffen Hannah Arendt argumenter for, at det var den demokratiske tradition for fællesskab, Thomas Jefferson havde i tankerne, da han formulerede den amerikanske Uafhængighedserklærings ord om 'retten til at søge lykken' – altså at lykken ikke bestod i materielle goder, men i fællesskabet. Erklæringens konkrete formulering skal således være en 'sproglig forbistring' med en dramatisk virkningshistorie i form af egoisme og materiel tilfredsstillelse (Ydegaard, 2017 s. 65ff).

Vi ser det direkte i tech-industriens *distraktion*. Tiden hylder distraktionen. Den postmoderne opløsning af De store Fortællinger – Kristendom og marxisme f.eks. – fordrer nye *narrativer*. I dag er det Robinson-ekspeditioner, X-faktor og konkurrencer i kagebagning, der har overtaget De store Fortællingers livsbekræftende, legitimerende og handlingsvejledende indhold. I stedet stiller de nye narrativer med en industri for distraktion og selvcentreret handlingslammelse. Teknologien fordrer et stadigt accelererende behov for stadig nye underholdningsformer, der kan medvirke til det sjælelige sløvsind.

Og vi ser den passive modstand i *sublimationen*, hvor fokus er på oplevelsesværdi. Som sådan ligner den distraktionen, men den enkelte er en mere aktiv spiller i foretagendet. Tænk blot på tidens Tivoli-effekter, hvor pulsen skal op og maveindholdet helst blive nede! Tænk på udbuddet af *outdoor adventures* og på horderne af unge med rygsæk på jagt efter Østens mysterier og 'ægthed', alle ad de samme nedtrampede stier, alle med en guide fra Lonely Planet i baglommen – jeg ved det, for jeg har selv været der! (Ydegaard, 2020 p.11ff)

Endvidere: Putins invasion af Ukraine har tydeliggjort geopolitikkens forklaringskraft: Økonomisk formåen, afhængighed af olie- og gaseksport, demografiske ændringer, begrænset adgang til verdenshavene osv. bliver aspekter i forståelsen af krigen.

Men de bagvedliggende tendenser i Putins styreform og hele ageren – de tendenser han har til fælles med stort set alle historiske despoter – tales der mindre systematisk om. Det er her denne bog kommer i spil. For den søger tilbage til Fører-tankens oprindelse i det Antikke, hos Platon. Den gør det gennem en genlæsning af første del af videnskabsteoretikeren Karl Poppers bog *Det åbne samfund og dets fjender*. Platons skrifter viser sig her at være som en drejebog for diktatur og totalitarisme, uanset politisk observans i øvrigt.

Det vi med en samlebetegnelse kan kalde 'de kollektive ideologier', dvs. socialisme, kommunisme, fascisme og nazisme, bygger alle på den tanke, at man gennem en bevidst organisering af arbejdskraften og produktionsmidlerne kan opnå den størst mulige lykke for flest mulige mennesker. På den måde adskiller de sig fra de individ-baserede ideer, som liberalisme og konservativisme, ved ikke at tilkende det enkelte menneske selvbestemmelsesret.

For at kunne lykkes, skal de kollektive ideologier styre og lede enkeltmennesket væk fra et fokus på egne behov og ønsker og over i et fokus på samfundets interesser. Det fordrer en udbredt statslig folkeopdragende proces, hvor det enkelte menneske 'forsvinder' til fordel for medlemskab i kollektivet. Det er det 'totalitære' – altså et system, hvor individet opdrages til at opgive sig selv og lade sig trælbinde til kollektivets og statens interesser. Og det er et system, hvor modstandere, der vover en eneste selvstændig tanke, stemples som 'folkefjender' og derfor ikke har livets ret. (Hayek (2010) s. 59f og Møller (1996) s. 122ff)

Popper skrev *Det åbne samfund...* mens Anden Verdenskrig rasede, som et analytisk bidrag til kampen mod det tyvende århundredes dominerende totalitære regimer; fascismen, nazismen og kommunismen (Popper, 2000a s. 11). Den var et væsentlig teoretisk bidrag – måske det væsentligste – i den kamp.

I dag er de traditionelle demokratier atter truede, indefra såvel som udefra. Tidsskriftet *The Economist's* nyeste demokrati-indeks fra februar 2021, fortæller os, at kun 8,4% af verdens befolkning lever i et demokrati, mens $^1/_3$ lever i et autokrati – og at demokrati-andelen er faldende. Aldrig siden afslutningen på Anden Verdenskrig har Poppers analyser derfor været mere aktuelle end nu.

Freedom House

Freedom House (Freedom House er en uafhængig ameri-kansk NGO, der arbejder for monitorering og fremme af frihed og demokrati) vurderer hvert år befolkningers politiske og civile rettigheder i 210 lande og territorier. Individuel frihed – fra retten til at stemme, til ytringsfrihed og lighed for loven – kan påvirkes af både statslige og ikke-statslige aktø-rer.

Land	Global Freedom Score, max 100	Politiske rettigheder, max 40	Civile frihedsret-tigheder, max 60
Norge, Sve-rige, Finland	100	40	60
Danmark	97	40	57
USA	83	32	51
Polen	82	34	48
Ungarn	69	26	43

Skema 1. Global Freedom Score er summen af scorerne for politiske rettigheder og civile frihedsrettigheder. Når Danmark scorer lavere end de andre nordiske lande på civile rettigheder, hænger det sammen med den danske udlændinge-lovgivning. Når USA scorer lavt i forhold til de nordiske lande (og New Zealand, Australien og Canada) skyldes det en række faktorer: begrænsninger i valgsystemet, økonomiske interessers indflydelse på udvælgelsen af politiske kandidater, forstyrrelser i magtbalancen mellem lovgivende, udøvende og dømmende magt, manglende beskyttelse imod korruption, lukkethed i regeringen, mediernes manglende uafhængighed, begrænsninger i forsamlingsfriheden og friheden til faglig organisering, politiets og domstolenes systemiske racediskrimination samt en voksende systemisk ulighed i økonomi. Polen har problemer med ytringsfriheden, politiske opponenters integritet og et skrøbeliggjort valgsystem, mens Ungarn er det første EU-medlemsland, der ikke betegnes som demokratisk!

Der er derfor al mulig grund til at genbesøge Poppers analyser fra forrige århundrede, for at se, om nogle af de tendenser han dengang advarede imod, igen er på banen. Hvis så er, er dette om noget tidspunktet at lære af historien, så vi ikke gentager ulykkerne og tragedierne fra det tyvende århundrede. Derfor denne lille bog.

Platon og despoternes drejebog ser dels bagud og griber og begriber Poppers analyser, og dels sætter bogen fokus på nutiden med anvendelse af analysens redskaber og konklusioner. Dertil kommer en række uundgåelige sidespring, der har til formål at underbygge og perspektivere fremstillingen. Typografisk vil der være en tydelig adskillelse mellem genfortællingen af Poppers tekster og eksempler på deres anvendelse på nutidens problemstillinger. Sprogligt skal den kunne læses uden større forkundskaber om hverken Perikles, Platon, Popper eller Putin.

KARL POPPER

Arbejdet med *Det åbne samfund og dets fjender*, skriver Karl Popper, begyndte for alvor med *Anschluss* – Nazi-Tysklands indlemmelse af Østrig i det Tyske Rige den 12. marts 1938. Noter og ideer var blevet formuleret tidligere, men Hitlers annektering af Østrig blev det egentlige startskud til arbejdet.

Det var ikke uden grund, at *Anschluss* fik den virkning for Popper. Han blev i 1904 født ind i en intellektuel, sekulariseret jødisk familie (forældrene havde konverteret til Protestantismen for at lette deres assimilation ind i det østrigske samfund) i Wien (Se Ydegaard, 2013, for yderligere om Poppers liv og forfatterskab). Med hjemlandets humanitære elendighed efter Første Verdenskrig som bagtæppe, havde Popper i sin ungdom arbejdet med praktiske, sociale programmer og uddannet sig som lærer.

Lærerjobbet gav Popper en tilknytning til det nyoprettede Pædagogiske Institut ved Wiens universitet. Hans interessefelt lå i, hvordan barnet lærer, hvordan det tilegner sig verden – og hvordan man som lærer understøtter denne proces. Efter en opnået Ph.D. i 1928 flyttede hans interessefokus sig til læring i videnskaben – til videnskabsteori, eller med andre ord til 'teorier om hvordan viden skabes'.

I 1934 udkom hans skelsættende bog om videnskabsteori, *Logik der Forschung*. Heri viste han, hvordan viden skabes ud fra antagelser eller hypoteser, om hvordan et givent område af verden hænger sammen. Og han viste, at vi ikke kan skabe sikker viden gennem beviser, men kun bedst mulig viden gennem at afvise forkerte hypoteser. Hypoteserne skal, og kan, ikke bevises. I stedet skal de, i mødet med virkeligheden, forsøges tilbagevist og/eller fejlelimineres. De hypoteser, der ikke kan tilbagevises, står som foreløbigt befæstede — indtil nye undersøgelser viser noget andet eller nye hypoteser kommer med bedre og mere omfattende forklaringer, der ikke kan falsificeres. Videnskaben er på den måde en kontinuerlig og dynamisk proces.

Selvom *Logik der Forschung* ikke udkom på engelsk før i 1950, blev den en akademisk bestseller allerede fra begyndelsen. Derfor blev Popper også inviteret til England i både 1935 og -36 for at forelæse ved forskellige universiteter. Derved skabte han sig et netværk og gjorde sig kendt i de angelsaksiske, universitære kredse.

Allerede på det tidspunkt var der i England organiserede flugtruter ud af Nazi-Tyskland for akademikere, der enten på grund af deres forskning eller på grund af deres jødiske baggrund var udsatte for *berufsverbot* eller det, der var værre. I slutningen af 1936, hjemme i Wien, modtog Popper således en invitation til gæsteophold ved Cambridge universitetet i England. Men da han samtidig havde ansøgt og fået en blivende stilling ved universitetet i Christchurch i New Zealand, valgte han det sidste, idet gæsteopholdet så kunne gå til en anden trængende forsker fra det tysksprogede område. Popper ankom til New Zealand sammen med sin hustru i marts 1937, altså et år før *Anschluss*.

Når der skulle et *Anschluss* til, før Popper for alvor kunne påbegynde arbejdet med *Det åbne Samfund og dets Fjender*, skyldtes det hensynet til de europæiske socialister. Selvom de i hans øjne byggede på en fejlagtig og fatal ideologi – marxismen – var de endnu det eneste bolværk imod kontinentets fascistiske ideologier. Med *Anschluss* var den tid fordi. Den tyske anneksion af Østrig viste endda med al tydelighed det fatale i socialisternes tankesæt – nemlig at dette var én af fascismens sidste krampetrækninger og at revolutionen ville komme i løbet af nogle få uger! *Lange Nase!*

I første omgang var Poppers plan at bruge noterne fra en række forelæsninger under titlen *Historicismens Elendighed*, han havde holdt på London School of Economics inviteret af økonomen von Hayek (Friederich von Hayek (1899-1992) var østrigsk-britisk økonom og optaget af liberalisme og fri markedsøkonomi. Han argumenterede imod socialismens centralt planlagte økonomiske styring af samfundet, idet en sådan styring, sagde han, ville føre til totalitarisme, jf. titlen på én af hans bøger: *Vejen til Trældom*). Hurtigt viste materialet sig dog så omfattende, at det blev delt i to bøger; *Historicismens Elendighed* og *Det åbne Samfund og dets Fjender* (kun *Det åbne samfund...* behandles i denne bog).

Historicisme er troen på at historien har en uafvendelig retning og udvikling, f.eks. at socialisme vil afløse kapitalisme og igen lede til kommunisme. Det gælder derfor ifølge historicismen om i samfundsvidenskaberne at afdække disse historiske bevægelser og opstille love for samfundsudviklingen, på samme måde som naturvidenskaben gør for naturen. Fokus for de historicistiske samfundsvidenskaber kan være religion, klasse, biologi, 'ånd', dygtighed osv. Når israelitterne i Gamle Testamente anså sig for Guds udvalgte, er det en historicistisk tilgang, der både forklarer tidligere tiders begivenheder (uanset hvor snirklede veje argumenterne må følge for at skabe overensstemmelse med virkeligheden) og angiver et fjernt Utopia, som folket er på vej imod. Det samme gælder for Arthur de Gobineau's (1816-1882) raceteori, der i første del af det tyvende århundrede udviklede sig til nazisternes jødehad. Gobineau mente, at kultur er et produkt af race, for hvordan ellers forklarer man de forskellige kulturers materielle og åndelige stader? Det var også ham, der introducerede begrebet 'arisk' om de hvideste af de hvide.

Som eksempel på en historicistisk tilgang citerer Popper Gilbert Copes *Christians in the Class Struggle* fra 1942:

Fælles for alle disse synspunkter er en vis kvalitet af 'uundgåelighed plus frihed'. Den biologiske evolution, klassekampen, og Helligåndens handlinger — alle tre er karakteriseret af en bestemt bevægelse mod et endemål. Denne bevægelse kan ved hjælp af bevidst menneskelig handling hindres eller afbøjes for en tid, men dens spændingsopbygning kan ikke hindres, og skønt dens slutstadium kun uklart anes…

…er bevægelsen med nødvendighed dømt til at vinde. Citatet bærer tydeligt præg af J.S. Mill (her citeret efter Popper 2000:243):

> *Det fundamentale problem … for samfundsvidenskaben er at finde de love, ifølge hvilke ethvert samfundsstadium frembringer det efterfølgende stadium…*

Karl Marx er inde på det samme i Forordet til *Kapitalen*:

> *Selv når et samfund er kommet på sporet af naturloven for sin bevægelse – og det er i sidste instans formålet med dette værk at afdække det moderne samfunds økonomiske bevægelseslove – kan det hverken overspringe eller bortdekretere naturlige udviklingsfaser. Men det kan afkorte og mildne fødselsveerne (Marx 1970, s. 94)*

Om sine to bøger skriver Popper: De…

> *…var min krigsindsats. Jeg mente at frihed igen ville blive et centralt problem, specielt under en fornyet påvirkning fra marxismen og ideen om stor-skala-planlægning (eller 'dirigisme'); og disse bøger var derfor ment at være et forsvar for friheden imod totalitarisme og autoritære ideer, og en advarsel imod farerne ved den historicistiske overtro. (Popper 1974, s. 91)*

Arbejdet med bøgerne var ikke uden modstand. Universitetet i Christchurch var først og fremmest en uddannelsesinstitution, hvor undervisning var prioriteret. Fra ledelsens side opfattede man alt andet arbejde, inklusive at skrive lærde bøger, som tyveri fra den betalte arbejdstid. Adgangen til bibliotekernes internationale samarbejde var på det tidspunkt brudt sammen og al kommunikation med kolleger i England skulle sejles frem og tilbage, så en brevveksling tog flere måned. Og da manuskriptet endelig var færdiggjort i februar 1943, ville forlag hverken i England eller USA udgive det. Kun med gode venners hjælp lykkedes det i 1945 at få det publiceret.

DET ÅBNE SAMFUND... Ingen er ufejlbarlig, heller ikke hverken store eller små politiske eller filosofiske ledere. Det er derfor vigtigt altid at forholde sig kritisk til det, de siger og gør, og til den måde deres tanker er med til at påvirke, hvordan vi indretter vore samfund. Og det er vigtigt at indrette samfundet, så eventuelle fejl kan elimineres. Nogle af de største ledere i historien – blandt andet Platon, der behandles her – har skabt tankegods, der fortsat er både fejlbehæftet og samtidig ophav til konstante angreb på friheden og demokratiet. Kritik også af disse historiske personligheder er nødvendig af hensyn til nutiden og vores egen virkelighed. Det er baggrunden for, at Popper valgte den ved første øjekast lidt overraskende tilgang at gå til hedengangne filosoffer som Platon, Aristoteles, Hegel og Marx, for via dem at give en kritik af samtidens totalitære regimer. Han mente, at kun ved at forstå oprindelsen til det totalitære, kunne man forstå dets baggrund og virkemåde.

Som partsindlæg i striden mellem en civilisation, bygget på dannelse, fornuft og frihed, og en samfundsform, bygget på underkastelse og førerprincippet, placerer Popper sig som arvtager til Oplysningstiden, med dens drømme om frihed fra autoriteter og formynderi og frihed til at bevare og udvikle samfundet baseret på medmenneskelighed, frihed og ansvar.

Immanuel Kant om 'Oplysning'

Karl Popper læner sig op ad Oplysningsfilosoffen Immanuel Kant, der i 1784 formulerede sig således:

> *Oplysning er menneskets frigørelse fra dets selvforskyldte umyndighed. Umyndighed er den manglende evne til at betjene sig af sin forstand uden en andens ledelse. Selvforskyldt er denne umyndighed, når man er nødt til at lade sig lede af andre ikke på grund af mangel på forstand men af mangel på vilje og mod. Sapere aude! Hav mod til at bruge din egen forstand, det er altså Oplysningens valgsprog.* (Kant 1784)

Her slår Immanuel Kant sit myndighedsbegreb fast: At mennesket selv må påtage sig ansvaret for sin egen i Oplysningstiden nyvundne frihed, og at dette ansvar udfoldes gennem fornuftens modige brug. Men denne fornuft er ikke blot og bart mennesket givet, den må udvikles og trænes – kultiveres, civiliseres og moraliseres. Den skal villes (von Oettingen 2003: 35).

Dannelse bliver Immanuel Kants svar på frihedens fordring. Dannelse er at ryste sig fri af den selvforskyldte umyndighed ved hjælp af – og ved brug af – oplysning og viden. I den forståelse af dannelsesbegrebet må det være koblet til individet, for kun individet kan være bærer af oplysning, viden – og selvbestemmelse. Man skal altså så at sige 'have noget at bære sin selvstændig i'. Dette 'noget' er forstanden, der må og skal socialiseres, uddannes og dannes, for forstand kommer ikke af sig selv. Det er dog ikke så meget omfanget eller karakteren af den forstandsmæssige udrustning, der tæller – det er i langt højere grad evnen til den fornuftsbaserede anvendelse af den givne forstand, der er dannelsens resultat og det der konstituerer et frit menneske i den vestlige filosofis tradition.

Når Platon, som vi skal se, ikke ønsker udvikling, og derfor heller ønsker selvstændigt tænkende borgere, følger, at han heller ikke ønsker deres Oplysning. Tværtimod!

Problemet omkring dannelse og selvbestemmelse går tilbage til overgangen fra det Popper kalder stammernes 'lukkede samfund' til de 'åbne', civiliserede ditto.

Men overgangen er ikke fuldbyrdet. Der skabes til stadighed tvivl om demokratiets levedygtighed og berettigelse. Der stilles spørgsmål ved dets robusthed og evne til at bekæmpe det totalitære.

Martin Luther King, Jr.

Når menneskelighedens og demokratiets evne til at bekæmpe det totalitære drages i tvivl, og når der argumenteres for, at kampen kun kan vindes ved at overtage modpartens metoder, er der styrke at hente i Martin Luther King, Jr.'s ord:

> *Darkness cannot drive out darkness; only light can do that.*
>
> *Hate cannot drive out hate; only love can do that.*

Også fra dansk side kendes drøftelsen af demokratiets væsen og styrke:

Dansk demokratiforståelse

Samtidig med Karl Poppers arbejde med *Det åbne Samfund...* i New Zealand, foregik der en kamp i det tysk-besatte Danmark om demokratiforståelsen. Kampen stod mellem på den ene side fortalerne for et kulturelt, etnisk funderet demokratibegreb, med gymnastikpædagogen og forstanderen for Ollerup Gymnastikhøjskole Niels Bukh i spidsen, og på den anden side et politisk, medborgerskabsbestemt demokratibegreb, med teologen og forstanderen for Krogerup Højskole Hal Koch i spidsen. På den lange bane blev det Hal Koch, der satte det væsentligste aftryk på eftertiden blandt andet med ordene:

> *Nu vil jeg i almindelighed advare mod folk, der taler for meget om det "kulturelle". Det er nemlig et farligt ord, som leder til abstrakt tale om 'vor arv i tusinde år', om 'danskheden' og de 'dybe kulturelle værdier'. Noget sådan giver grobund for nazisme. Går man i dybden med det kulturelle viser det sig, at det kulturelle ikke samler, det adskiller. Og sådan skal det være. Der er stor forskel på den kultur, som en bondekone i Vestjylland, og en bourgeoisidame fra København lever i. Det fælles er at finde et andet sted: det, der dybest set binder os sammen, er det politiske. (Korsgaard 1997: 350ff. Ove Korsgaard har sammenskrevet en tale af Hal Koch og således er citatet ikke*

et direkte og komplet Koch-citat. Se også Korsgaard
2004: 450ff)

Det Hal Koch her skitserer, finder sin parallel i 'den demokratiske cirkel' i det, der nedenfor benævnes 'Poppers Matrix'.

Kampen mellem det nationale og det republikanske, mellem Bukhs og Kochs positioner, pågår stadig. Tænk blot på vor egen tids ekstreme højrefløjspolitiske projekter. Sat på spidsen kan man sige, at disse projekters succes står i direkte, men omvendt forhold til tilliden til demokratiet og dets institutioner.

Demokratiets styrke og robusthed ligger i det faktum, at det er den eneste styreform vi hidtil har set, som stiller en institutionel struktur til rådighed, der tillader både fredelige magtskifter, eliminering af fejlagtige politikker og reformer af samfundet uden anvendelse af vold. Men selv den evne er under pres i kølvandet på præsident Donald Trumps valgnederlag i 2020 og kupforsøg 6. januar 2021, og i kølvandet på invasionen af det demokratiske Ukraine 24. februar 2022! Mere om det i den afsluttende epilog.

PLATONS VREDE

For at forstå den Platon vi møder hos Popper, må vi skitsere den historiske baggrund han er rundet af.

Ud af den græske sagntid, dengang guderne var meget nærværende, Troja blev besejret og Odysseus brugte år på at sejle hjem til Ithaka og sin elskede Penelope, opstod en række samfund – bystater – på det græske fastland og ud over øerne i Ægæerhavet. Det skete omkring 7-800 år før vor tidsregning. Mellem krige og skærmydsler præsterede disse græske småsamfund en eksplosiv udvikling inden for kunst, politik og filosofi. Vore dages museer og de græsk-antikke seværdigheder viser os stadig vaser, søjler og statuer fra dengang. Demokratiet opstod omkring år 500 fvt. i bystaten Athen. Filosofien udviklede sig fra det naturreligiøse, med filosoffer som Thales og Anaximander over blandt andet Anaximenes, Parmenides, Heraklit, Demokrit, Herodot og Protagoras, til stadigt mere indsigtsfulde og religionsuafhængige beskrivelser af natur og menneske, og af menneskets erkendelse af naturen. Først med kulminationen af det antikke Grækenlands storhedstid omkring år 400 fvt. når vi frem til Sokrates og Platon og til Platons elev Aristoteles.

Forud for Platons fødsel havde de græske bystater været i krig med Perserne, og indbyrdes stridigheder – Den første Peloponnesiske Krig – mellem Athen og Sparta var afløst af en fredstraktat i år 446 fvt. Freden var kommet i stand med en overenskomst om ikke at genoptage krigen de første 30 år. Der skulle nu ikke gå mere end 15 år før den var gal igen!

Statsmanden Perikles brugte de 15 års fred til at give Athen en guldalder, hvor handel, kunst og kultur blomstrede og hvor demokratiet modnedes og udfoldede sig. Akropolis blev genopbygget som gudernes bolig højt over byen, smukkere end noget andet bygningsværk. Anaxagoras udviklede den første egentlige naturvidenskab, helt fri for gudernes indblanding. Borgernes frie oplysning (jf. omtalen af Kant ovenfor) blev understøttet af et bogmarked, hvor bøger kunne erhverves til billige penge. Sokrates omtaler i Forsvarstalen (26e) bogmarkedet på torvet, hvor bøger koster 'bare én drachme', som argument for ungdommens almene kundskabsniveau og at eventuelle vildfarelser stammer derfra og ikke fra dialoger med ham selv. I anden sammenhæng argumenterer Popper for, at netop bogmarkedet, sammen med krigene imod Perserne, hvor soldaterne så andre måder at leve på, gav athenerne indsigt i fremmede kulturer og tankesæt. Det var medvirkende til et mere demokratisk sindelag i befolkningen (Popper 1992: 110ff).

Perikles var ganske vist ikke den første, der tænkte i demokratiske baner. Allerede Kleisthenes havde haft overvejelser i den retning 50 – 60 år tidligere. Men det var Perikles, der gjorde ideerne til virkelighed. Perikles var ud af en aristokratisk familie, men opdraget med folkets vel *in mente*. Så da det folkelige pres for mere inddragelse i bystatens ledelse opstod efter afslutningen af den Første Peloponnesiske Krig, var han med til at indfri ønsket. Athen var i høj grad en søfarende og søkrigerisk nation, og det var derfor naturligt for de mange søfolk af mere jævn byrd at få vekslet den militære indsats til politisk indflydelse.

Men freden varede kun kort. I år 431 indledte Sparta den Anden Peloponnesiske Krig med hvad der på nydansk kaldes en *false flag operation*. Efter det første års krig holdt Perikles sin store gravtale over de faldne. Heri beskrev han blandt andet det demokratiske styre i Athen. Den tale kunne lige så godt være holdt i dagens Danmark, 2.500 år senere:

Den statsform, vi har, er ikke en efterligning af vore naboers love; nej, vor statsform er snarere selv et eksempel for andre end andres er for os. Dens navn er demokrati, fordi styret ikke er samlet hos nogle få, men hos flertallet; men faktisk er der ifølge loven lige ret for alle i private retsforhold, hvorimod det er vurderingen af hver enkelt borger og hans anseelse på et eller andet felt, en kvalitetsvurdering mere end en fordeling på skift, der bestemmer, om han foretrækkes i offentlige hverv; ej heller danner fattigdom hos een, der kan gøre byen gavn, nogen hindring ved at holde hans gode kvaliteter skjult. Frihed hersker i vort offentlige liv, og skal der tales om at se skævt til hinandens daglige livsførelse, så vredes vi ikke på vor nabo, hvis han lever som det passer ham, og vi generer ikke hinanden med reaktioner, der ganske vist ikke medfører straf, men alligevel er generende at være vidne til. Privat omgås vi uden at genere hinanden og offentligt holder frygten os fra at bryde loven. Vi adlyder de fungerende embedsmænd så

*vel som lovene, dels dem, der er givet for at beskytte de foru-
rettede, men dels også de uskrevne love, hvis overtrædelse med-
fører offentlig misbilligelse.* (Hansen (u.a). Her i H. Friis
Johansens oversættelse (med en række ændringer)
fra Verdens Klassikere: Thukydid (København
1963))

Reelt tabte Athen opgøret med Sparta, men beholdt
dog sin selvstændighed. Medvirkende til nederlaget var
en voldsom pest, der i 429 fvt. også tog livet af Perikles.
Med ham døde demokratiet og blev erstattet af forfald
– af oligarki, hvor det var de bedst egnede (sagde de om
sig selv), der styrede, og af tyranni.

PLATONS VREDE. Platon levede i Athen fra 427 til
347 fvt., og er altså født 2 år efter Perikles' død. Han
var elev af filosoffen Sokrates, overværede dennes hen-
rettelse, stiftede Akademiet i Athen og blev den væsent-
ligste filosof i den vestlige tradition. Man siger, at al fi-
losofi siden Platon er fodnoter til hans værker. Og han
skrev mange værker. De fleste værker er dialoger mel-
lem Sokrates – den virkelige Sokrates eller en til lejlig-
heden opdigtet Sokrates – og mennesker han mødte på
sin vej gennem byen. I dialogerne udfoldes den 'sokra-
tiske metode', hvor Sokrates vedblivende spørger ind
til den andens viden og opfattelse, for blot at afsløre
lakuner, formodninger og 'synsninger'. Det er en me-
tode, der på det mest ubarmhjertige udstiller ofrets for-
legenhed. Til sidst blev det da også de gode borgere i
Athen for meget, og Sokrates blev dømt til døden for
at vildlede – og ikke vejlede – ungdommen. Det er disse

platoniske værker vi møder i læsningen af Poppers *Det åbne Samfund og dets Fjender.*

For Platon betød dels den politiske udvikling i Athen og dels mødet med Sokrates, at han helligede sig 'kærligheden til tænkning' ('filosofi' betyder 'kærlighed til tænkning') fremfor politik, som ellers var naturligt for mænd fra formuende familier (For en uddybende beskrivelse af den græsk-athenske samfundsstruktur og dens betydning se Ydegaard 2017). Faktisk fik den politiske situation ham til at afsky demokratiet med dets altid svingende kurs og med beslutninger taget på ufuldstændigt og uoplyst grundlag. Det samme gjaldt den chokerende dom over Sokrates – dommen så han som et udslag af folkestemningen. Platons vrede var således rettet direkte mod demokratiet og den demokratisk-liberale levemåde.

De dele af Platons værker vi møder hos Popper, har alle ét overordnet formål: At argumentere for en statsdannelse, der ikke besidder de samme faldgruber som samtiden bød på, nemlig usikkerhed, forfald og fordærv.

Drømmen om den uforanderlige verden

Genkendes billedet fra det antikke Athen ikke i dagens demokratier? Opleves situation i dag ikke ofte på samme måde som Platon gjorde det dengang? Og er reaktionen ikke også tilsvarende: en fornægtelse af de demokratiske idealer og institutioner til fordel for ledere, der egenhændigt vil og tilsyneladende kan påtage sig ansvaret – på noget der også nu påstås at være et oplyst eller måske endda 'altseende' grundlag? Er Donald Trump ikke i manges øjne 'den bedst egnede' – eller måske ligefrem 'den eneste egnede' – til at sikre stabilitet og uforanderlighed i det amerikanske samfund? Og Viktor Orbán i Ungarn? Eller Putin i Rusland?

Platons løsning, som vi skal se, var en komplet modsætning til den oplevede samtid. Det var stilstand i stedet for forandring, filosofisk-royal ledelse i stedet for demokrati og kollektivisme i stedet for individualisme. Alt sammen styret af en tro på historiens skæbnebestemte udvikling – på historicismen.

PLATONS SPEKULATIVE RAMME

Den spekulative ramme omkring Platons opgør med den kaotiske samtid – det der har relevans i vores sammenhæng – er teorierne om henholdsvis den universelle flyden, om forfaldet, om Idéernes verden og om frembringelsen og degenerationen. Kapitlet afrundes med betragtninger over de vidensteoretiske konsekvenser af den spekulative ramme – med begreberne *episteme* og *doxa*.

ALTING FLYDER. Platon greb, i forsøget på at kunne håndtere det politiske og dermed også menneskelige kaos omkring sig, tilbage til Heraklits lære om at *alting flyder* (gr.: *panta rei*) og forandrer sig. Heri så han de kaotiske processer, han dagligt var vidne til, genspejle sig i teorien. På dette meget intuitive plan havde Heraklit haft ret; *det er ikke muligt at stige ned to gange i den samme flod.*

Store og små fortællinger i det senmoderne
Også i dag, i det senmoderne, kan samtiden opleves kaotisk og uden fiksstjerner og fyrtårne at navigere efter. De 'Store Fortællinger' (-ismerne og det religiøse), siger man, er døde – eller i hvert fald ikke længere selvfølgelige, men individuelt til- og fravalgte 'små fortællinger'. Ikke engang medier og nyheder, og dermed 'dagens fortælling', er vi længere fælles om. Oplevelsen af at 'alting flyder', kan i dag være lige så påtrængende som på Heraklits og Platons tid. Vi står som individer nøgne i det uforudsigelige.

I koncentreret form siger Heraklit (De fire bullits er citeret fra Skirbekk 1980, s. 29, men gengiver hvad Popper skriver om Heraklit):

- Alt er i forandring, men…
- …forandring sker efter en uforanderlig lov (*logos*), og…
- …denne lov indebærer en vekselvirkning mellem modsætninger, …
- …men vel at mærke således, at denne vekselvirkning mellem forskellige kræfter skaber en harmoni, totalt set.

Påstanden om det skæbnebestemte i en eller anden uforanderlig lovmæssighed var for Heraklit en trøst midt i elendigheden. At finde og afdække den uforanderlige lovmæssighed, der bestemmer forandring og elendighed, blev en prioritet for Platon. For med en sådan lovmæssighed, tænkte han, ville det være muligt at genetablere et samfund som før denne lovmæssighed blev iværksat. Dermed får vi introduceret en skæbnebestemt historieudvikling – historicisme – med dialektikken mellem modsætninger som drivkraften i processen. Den tanke genkender vi helt frem til moderne tid, til Hegel og Marx og til fascismen og kommunismen i forrige århundrede. Dialektikken hos Heraklit indebar en modsætning mellem guder og mennesker og mellem herre og slave. Tankegangen gav nogle lov til at handle på andres vegne og at gøre andre til midler for egne mål. Og den gav det stærke, handlende menneske forrang fremfor andre svagere individer.

Det styrende princip, *logos*, oversættes blandt andet til 'ordet'. Som sådan er det gået ind i europæisk tanke-gang, hvor vi kender det fra bl.a. Johannes-evangeliets indledning: *I begyndelsen var Ordet, og Ordet var hos Gud, og Ordet var Gud.*

Ingen, der i dag stempler ind på Heraklits og Platons dialektik, ser dog, at de blander det naturlige med det samfundsmæssige – og det er ikke det samme. Det vender vi tilbage til senere!

CYKLISK HISTORIESKRIVNING. Hos Heraklit fandt Platon også, siger Popper, antydninger af en cyk-lisk forståelse af tiden og historiens gang. En cyklisk tankegang er ikke så underlig, og slet ikke i et land-brugssamfund; den afspejler årstidernes skiften, og med dem både arbejde og fest. På samme måde som efterår og vinter betyder afgrødernes indhøstning og blotlagte marker, foråret betyder såning og sommeren betyder fremvækst og frodighed – og på samme måde som menneskelivet udspiller sig som en vækstperiode, en periode for udfoldelse og foretagsomhed og en af-sluttende forfaldsperiode – kan også historiens skæb-nebestemte forfald, sådan som både Heraklit og Platon oplevede det, sættes ind i en større cyklisk ramme fra en guldalder over et dybt forfald og en efterfølgende katarsis, renselse, hvorfra en ny guldalder rejser sig. Med en sådan cyklisk historieforståelse gav Platon for-faldets tilsyneladende kaos retning; nemlig fra en guld-alder og ned i elendigheden hvorfra en ny guldalder skal opstå.

Den cykliske historieforståelse giver os en model, som genkendes fra meget andet tankegods end Platons – tænk blot på marxismens fortælling om et urkommunistisk samfund, overgangen til kapitalisme og den med nødvendighed kommende kommunisme. Eller på Trumps slogan, *Make America Great Again*, der jo både hentyder til tidligere tiders glansperioder, den nuværende elendighed og en ny, kommende Guldalder – hvis blot man følger ham.

I *Statsmanden* skriver Platon således om samfundets (sammenlignet med et skib) forfald og gudens indgriben:

> *På det tidspunkt vil guden, der havde indrettet den smukt, få øje på, at den er i nød, og af bekymring for, at den skal komme ud i et uvejr, blive opløst af indre uroligheder og dykke ned i ulighedens uendelige hav, vil han igen tage plads ved altets ror; han vil vende om på det, der blev sygt og svækket under den forrige rotation, hvor den var overladt til sig selv; han vil sætte skik på den, rette den op og gøre den udødelig og uden alder. (Statsmanden 273d-e)*

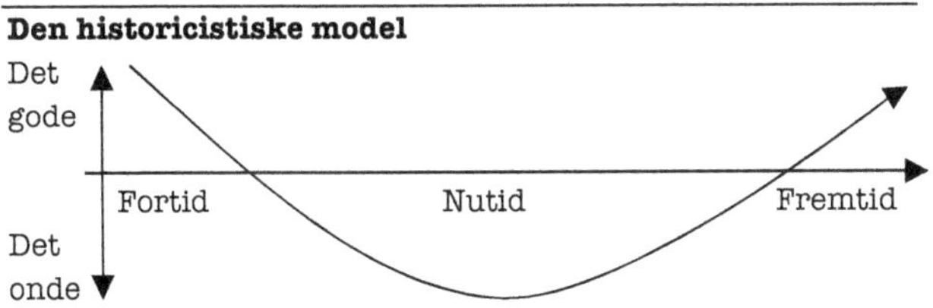

Figur 1. Kurven illustrerer grundmodellen i den cykliske historieopfattelse eller historicismen. Kurven stemmer overens med Platons forfaldsmyte fra en fortid i 'det gode' til en nutid i 'det onde' og derefter en udfrielse til en fremtidig situation tilbage i 'det gode'. 'Det gode' og 'det onde' skal forstås

som generaliserede termer, hvis indhold ser forskelligt ud af-hængig af den ideologiske eller religiøse ramme modellen an-vendes på. Platon beskriver begreberne således i Staten (608e): "At alt der ødelægger og nedbryder, altid er det dår-lige, og det der bevarer og gavner, er det gode."

Platon er ikke ene om at tænke i en cyklisk historie. Vi genkender også tanken fra Hinduismen, hvor guden Shiva danser en evig skabelse og ødelæggelse. Og vi kender det fra Kristendommen, med uddrivelsen af Paradis til elendigheden i landet Nod, hvor Kain slog sig ned efter brodermordet, og videre til renselsen i Åbenbaringen og Gudsrigets komme.

Den cykliske historieforståelse er på den måde en almen-menneskelig idé. Derfor kan den også vedblivende indgå i vo-res mere eller mindre bevidste grundfortællinger om livet og livsvilkårene. Og derfor kan politiske ideologier som nazis-men og kommunismen fouragere på den med profetier om tu-sindårsriger og det klasseløse samfund. Fra moderne tid gen-kender vi modellen fra de ledere, der som Serbiens Slobodan Milosevic, lovede at føre 'sit' folk ud af en mere eller mindre påstået elendighed (sammenlign med Barbara Walters be-greb 'anokrati' i den afsluttende Epilog) og frem til en ny stor-hedstid – som regel på bekostning af naboer, anderledes tæn-kende og religiøse og seksuelle mindretal.

Omtrent samme sted i *Statsmanden* beskriver Platon genopstandelsesmyten; for i den guddommelige ren-selse skal de døde og begravede iklædes kød og blod og stige op fra gravene (citatet giver mindelser om genop-standelsesmyten i Ezekiel kap. 37 i Det Gamle Testa-mente):

…de døde, der lå i jorden, blev stykket sammen dér, livede op igen og fulgte med forandringen, hvor tilblivelsesprocessen blev vendt helt rundt…

HULELIGNELSEN. Platon gik et skridt videre – og det er måske det, der gjorde ham til den store tænker, han var. Han generaliserede idéen om historicisme til at gælde for alle 'ting'. Dermed opstod *teorien om formerne eller idéerne.*

Den mest kendte af Platons allegorier for teorien om formerne og idéerne er *Hulelignelsen* i *Staten* (514-516. Popper benytter ikke Hulelignelsen i præsentationen af Platons teori om formerne og Ideernes verden, men refererer til *Timaios* 28-29 og 48-55. Når jeg vælger at benytte Hulelignelsen, er det fordi den dels er mere kendt og fordi den er mere illustrerende end dialogerne i *Timaios*): Inde i en hule sidder fanger lænket, så de kun kan se bagvæggen af hulen. Bag fangerne brænder en ild, og mellem ilden og fangerne bærer nogle mennesker silhuetter af dyr, mennesker og forskellige genstande. Fangerne kan kun se de skyggebilleder, der kastes op på bagvæggen. For fangerne, der aldrig har set andet, bliver skyggerne på bagvæggen 'virkelige'. Sådan, siger Platon, ser de fleste mennesker den sansbare verden.

Men skulle det lykkes én af fangerne at undslippe sine lænker og gå mod hulens udgang, vil han opleve silhuetterne som mere virkelige end skyggerne. Og udenfor hulen, i solens lys, vil han opleve al ting sådan som de virkelig er – som de gudeskabte idéer, der giver ophav til fangernes begrænsede erkendelse. Han bliver således Oplyst og vil opleve Sandheden med stort 'S' (som modsætning til Poppers videnskabsteoretiske tale om foreløbig viden – om sandhed med lille 's'). Idéerne er tings, dyrs og menneskers oprindelige form, og udtrykker derfor det perfekte – deres essens.

I Hulelignelsen findes således den sprække, hvori Platons håb kan finde grøde og vokse. For Idéernes verden kan erkendes af mennesker, men det kræver træning og uddannelse – meget lang uddannelse! Og med erkendelsen af Sandheden bag virkelighedens slørede, dagligdags fremtrædelse kan der, mener Platon, iværksættes tiltag imod forfaldet og der kan rettes op på det herskende kaos.

Idéerne er udenfor tid og rum, mens forfaldet sker i tid og rum, svarende til forskellen mellem mytisk tid og oplevet tid, mellem den oprindelige Guldalder, hvor guder og mennesker levede blandt hinanden, og Platons kaotiske samtid, hvor gudernes fravær var tydelig.

Sat ind i historicismens grundmodel, som den er illustreret i Figur 1, er der sammenfald mellem Idéernes verden og fortiden i 'det gode'. Og faldet ned mod nutidens 'onde' situation, der svarer til situationen inde i hulen, kommer til at hænge sammen med tingenes og sædernes forfald frem mod den aktuelle samtid – Platons eller vores.

Dualismen mellem 'det gode' og 'det onde', mellem sollyset udenfor hulen og skyggebillederne på væggen inde i hulen, fik en langtrækkende virkningshistorie; Idéernes og tænkningens abstrakte verden blev – og bliver - associeret med 'det gode', mens det sanselige og kropslige blev lig med 'det onde' – det er forskellen mellem ånd og hånd, mellem åndens arbejde, der rangeres over håndens arbejde, og mellem den religiøse og filosofiske kærlighed og den jordiske. Nietzsche citeres ofte for udsagnet: *Med dogmet om den ubesmittede undfangelse, besmittede man undfangelsen.* Med jomfrufødslen blev kropslighed og seksualitet gjort til noget urent og mindreværdigt. Når vi i Vesten har en tradition for at rangere forskellen mellem ånd og hånd, henter vi altså argumenter i den græske Antik og i den af græsk antik påvirkede Kristendom.

Masseskyderier
Ifølge fortalere for den meget liberale våbenlovgivning i USA skyldes en stor del af masseskyderierne i blandt andet skoler og kirker frustrationer og psykiske lidelser forårsaget af landets tiltagende kulturelle forfald. Her tænkes især på opløsningen af stereotype kønsroller, frihed til selv at vælge seksuelle præferencer og på den generelle tendens til *woke*-isme. På den måde taler de mere eller mindre direkte ind i Platons narrativ og historicisme.

FREMBRINGELSE OG DEGENERATION. En anden konsekvens af teorien om Idéerne, der jo er frembragt af guderne, er muligheden for en rangering mellem mennesker. For når de mennesker, der bevæger sig ud af hulen og nærmer sig gudeverdenen, qua deres mer-viden er mere værdifulde, end dem der forbliver derinde, er der grundlag for værdihierarkier, for racisme og for anden forskelsbehandling. Som Platon udtrykker det i *Timaios* (51e): *Fornuft har kun guderne og et fåtal af mennesker.* Modsætningen til Kant-citatet ovenfor er nærmest skingert!

Og mere end det! *Timaios* (91d-92c) slutter med en teori om sammenhængen mellem intelligens og degeneration: Fuglene stammer fra mennesker, der så på stjernehimlen og troede, at de observationer kunne give dem sikker viden. De fik fjer i stedet for hår. Landdyrene opstod af mennesker, der aldrig tænkte én filosofisk tanke. De blev presset ned mod jorden, og jo nærmere de kom den, desto flere ben havde de brug for –

indtil lemmer ikke længere var nødvendige. Sådan opstod slangen! Havdyrene forstås, opstod af de aller mest dumme og dovne mennesker.

EPISTEME OG *DOXA*. Allerede Parmenides havde i det femte århundrede før vor tidsregning sagt, at den viden fornuften frembringer, må stå i relation til en uforanderlig verden, mens de individuelle meninger baseret på hverdagens erfaringer ikke kunne tilkendes validitet. Platon videreførte argumentet: Sandheden, sådan som den kommer til syne i Idéernes verden, opnår man med fornuftens brug, ikke gennem 'synsninger' og sansebårne undersøgelser, for den type undersøgelser vil jo i sagens natur rette sig mod verden som den fremstår, altså mod forfaldets flygtige skyggebilleder inde i hulen. Meninger, 'synsninger' og andre former for flygtig viden kaldes *doxa*. Platons idé-baserede erkendelse leder til den vidensform, der kaldes *episteme*. Det er den 'rene' videnskabelige viden. Ved at adskille *episteme* fra *doxa* opnåede Platon tre ting:

1. Han gav videnskaben et formål og skabte en videnskabelig metode til indfrielse af formålet. Videnskabens formål er, sagde Platon, *at opdage og beskrive tingenes sande natur, dvs. deres skjulte virkelighed eller essens* (Popper 2000: 48).
2. Teorien om Idéernes verden i kombination med *episteme*-begrebet gav mulighed for at beskrive og forklare forfaldsmyten.

3. Fornuften, dvs. erkendelsen af de to første punkter, muliggjorde en social ingeniørkunst, med det formål at modvirke forfaldet og måske endda vende det til en bevægelse hen imod en ny situation i 'det gode' jf. det opadgående buestykke i Figur 1.

Derfor bliver ét af Platons hovedbidrag til den vestlige filosofi adskillelsen af den foranderlige sanseverden – med vidensbegrebet *doxa* – fra den uforanderlige abstrakte verden – med vidensbegrebet *episteme*. Uden at vi bygger på *episteme*, siger Platon, bliver vore beslutninger vilkårlige og styret af personlige og subjektive værdier.

Videnskabsteoretisk kalder Popper Platons position for essentialisme. Jf. ovenstående pkt. 1 er videnskabens formål i det tankesæt at finde Sandheden gennem intellektuel intuition. Resultatet bliver en række definitioner, der er beskrivelser af Idéer.

Langt senere i historien, i Renæssancen med bl.a. danske Niels Steensen – Steno – som foregangsmand, valgte naturvidenskaben en anden vej at gå. Erkendelsesinteressen i naturvidenskaben satte fokus på at beskrive den synlige, konstaterbare eller objektive verden (for en uddybning, se Ydegaard 2013) og de processer og lovmæssigheder, der styrer den. Naturvidenskaben (den klassisk-newtonske i hvert fald) spørger ikke *hvad er en bevægelse?* men *hvordan kan vi beskrive (sætte på formel) en bevægelse og nyttiggøre os den viden?* Samfundsvidenskaberne, siger Popper, tenderer stadig mod Platons essentialisme (Poppers opfordring til samfundsvidenskaberne om at ændre metode udløste i 1960-erne den såkaldte 'positivismestrid i tysk sociologi' mellem Karl Popper på den ene side og Theodor Adorno og senere Jürgen Habermas, begge fra den såkaldte Frankfurterskole, på den anden side. Se Ydegaard 2013 og forelæsningsnoterne *The Logic of Social Science* i Popper 1992). Det gør det så meget lettere at argumentere historicistisk med et narrativ om en hedengang storhedstid, en nutidig elendighed og en udfrielse, som *et fåtal af mennesker*, jf. *Timaios* ovenstående, har skuet og nu vil lede det forvildede folk til – sådan som Lenin forstod sig selv som eksponent for det russiske proletariat før, under og efter revolutionen i 1917 (Bent Jensen 2017). Det er med Platons Idéer som platform, råbet *Følg mig!* gjalder imod de fortabte og mismodige, der vender demokratiet ryggen og søger trygheden i (den foregøglede) forvisning om et kommende tusindårsrige – eller i genetableringen af zarstyrets imperium med Putin i Kreml.

Med en teori om altings oprindelse i Idéerne, om en bestandigt flydende, sansbar verden, og om bevægelsens fordærvende og degenererende indvirkning på 'ting', fænomener, dyr og mennesker skabte Platon en ramme for sin samfundsteori. Rammen – teorierne – anvendte han derefter på den kendte, konkrete verden. For først da han havde beskrevet symptomerne og diagnosticeret problemet, kunne han foreskrive en helbredende kur.

DET SOCIOLOGISKE SYNDEFALD

Kapitlets overskrift er dobbelttydig; dels henviser det til Platons tanker om det historicistiske syndefald, jf. Figur 1, dels henviser det til hans løsninger som et syndefald, set med dagens demokratiske briller.

Når det kommer til den konkrete, kaotiske verden og dens styreformer udvikler Platon i *Statsmanden* en model for vurdering af regeringsformerne. Modellen kan illustreres således:

Grundform	Afledte former	
Monarki	Kongedømme	Tyranni
Fåmandsvælde	Aristokrati	Oligarki
Flertalsstyre	Lovligt demokrati	Ulovligt demokrati

Skema 2. De seks regeringsformer. Modellen viser de tre grundformer monarki, fåmandsvælde og flertalsstyre, hvor der generelt er tiltagende kaos og elendighed ned gennem modellen. For hver af grundformerne findes der to afledte og modsatrettede former. De afledte former besidder forskellige grader af magt til at handle. Da de er modsatrettede, bliver handlingerne henholdsvis gode eller dårlige. Det gode kongedømme er derfor at foretrække fremfor det gode demokrati, der anses for ret hjælpeløst. Omvendt er et dårligt, men handlingslammet demokrati at foretrække fremfor et brutalt tyranni, idet det trods alt gør mindre skade.

Den sansbare verden er, som vi har set, en frembragt
verden af skyggebilleder eller kopier af Idéernes gude-
skabte verden. Som kopier kan de frembragte ting al-
drig have samme værdi som originalerne. Men afstan-
den mellem original og kopi kan variere. Det er denne
bevægelse væk fra originalen, der manifesterer sig som
fordærv. Platon skriver:

> *Forandringer finder sted i overensstemmelse med skæbnens
> orden og lovmæssighed. Hvis det drejer sig om forholdsvis små
> og få forandringer i karaktererne, flytter de sig kun lidt og
> holder sig oppe, men er der tale om flere og mere forbryderiske
> forandringer, styrter de ned i dybet til de såkaldte nedre egne,
> som de kalder Hades… (Lovene 904d-e)*

Citatet forklarer udviklingstendensen som altid gående
fra 'det gode' hen imod 'det onde', jf. Figur 1 og Skema
2. Citatet indebærer samtidig, at der er en rangering eller
et hierarki bestemt ved graden af fordærv og for men-
nesker af manglende fornuft. Der er altså noget, der er
mere skidt end noget andet. Og nogen, der er dårligere
eller ringere mennesker end andre. Men præcist deri lig-
ger der for Platon en mulig løsning: Selv i nutidens
(både Platons samtid og vores nutid) fordærvede elen-
dighed, kan der opereres med etiske normer og afsiges
værdidomme. Vi kan efterstræbe det gode, der trods alt
er tilbage i de 'bedste' mennesker. Heri ligger håbet.
Platon fortsætter ovenstående citat således:

> *Når en sjæl rummer større mængder af ondt eller godt og styr-
> kes ved eget forsæt og i omgangen med andre, så vil den, når
> den forbindes med guddommelig fuldkommenhed og opnår en*

særlig udsøgt status, også flytte sig til et udsøgt sted og føres
ad en hellig sti til en bedre plads andetsteds. Men i modsat
fald flytter sjælen sit liv i modsat retning.

Den generelle tendens i verden er for Platon en bevægelse mod øget fordærv og elendighed. Derfor bliver forandringer et onde og stilstand et gode. Men der er undtagelser, hvor det 'bedste' menneske kan vende sin egen tendens væk fra fordærvet og blive 'godt' igen. Undtagelser hvor vedkommende endda kan hjælpe andre, evt. hele den fordærvede bystat, 'ad en hellig sti til en bedre plads andetsteds'. Undtagelser hvor bevægelsesretningen ændres 180^0 af et særligt begavet menneske – en frelser eller Fører.

Førertanken

Den enes eller de fås udvælgelse til at lede folket hen imod et godt og idealiseret liv genkender vi fra mange af de store fortællinger, der var fremherskende fra Oplysningstiden og indtil det senmoderne lagde dem døde: Nazisterne havde en 'Fører', kommunisterne havde en centralkomite, Khmer Rouge havde Pol Pot og maoisterne havde deres kadrer. De var alle, i egne øjne, udvalgte og lidt eller meget bedre end andre mennesker. Og de var udvalgte til at vise vej og retning – sagde de.

Førertanken bryder med ideen om den legitime ledelse af organisationer, bevægelser og sågar lande i og med at den ikke anerkender de demokratiske spilleregler og ikke er villig til fredeligt at afgive magten (se boxen om *Opløsning af enkeltindividet* nedenfor). Derfor tenderer Donald Trump og *white supremacy*-bevægelser til at være eksponent for Førertanken.

For eksempel sagde nazisternes propagandaminister Goebbels i 1934, efter at Hitler med undtagelseslove og ytringsforbud mm. havde afmonteret demokratiet, ...

...at vi kun benyttede os af demokratiske midler til at
erobre magten, og at vi, når dette mål var nået, hensyns-
løst ville nægte vore modstandere alle midler, man havde
ladet os benytte, mens vi var i opposition. Alligevel kan vi

> *erklære, at vor regering opfylder et forædlet demokratis love.* (citeret efter Friis 2005)
>
> Kunne noget lignende være sket i USA, hvis kupforsøget 6. januar 2021 var lykkedes?

Den konkrete samfundsbeskrivelse danner en bevægelse ned gennem kategorierne i Skema 2:

Den oprindelige og første historiske stat, og den der afviger mindst fra Idéernes statsform fordi den umiddelbart efterfølger den forhistoriske Guldalder, var et kongedømme styret af landets viseste mænd.

Men interne stridigheder forårsagede et 'syndefald' – det første fordærv, der bare er vokset med tiden. Den næsten evige strid siden dengang er en kamp forårsaget af personligt begær i relation til økonomi og materielle ting. Det er den strid, der er dynamoen i den sociale udvikling.

Striden betød, at staten sank ned gennem de tre stadier angivet i Skema 2. Hvert trin ned ad regeringstypernes forfaldstrappe var en revolution, hvor de eksisterende samfundsstrukturer og ledelsesprincipper radikalt ændredes i takt med at styreformen gik fra enkeltmandsstyre over flere-mandsstyre til alle-mandsstyre.

Dommedagsprofetier

Det er fra Platons tanker om det samfundsmæssige forfald vi i Vesten har arvet vores hang til dommedagsprofetier og tro på verdens undergang. Ofte er der blevet råbt vagt i gevær: *"Om 25 år så..." "... har vi ikke mere olie..." "... ikke mere kobber" "... ikke flere sjældne jordarter"* osv. Men nye fund og forbedrede udvindingsmetoder har hidtil gjort dommedagsprofetierne til skamme. Måske er det anderledes med advarslerne om global opvarmning: Det er ikke længere profetier for noget, der engang kommer til at ske – vi står midt i katastrofen allerede nu.

Set fra Athen, hvor Platon opholdt sig og hvor forfaldet i hans øjne var mest fremskredet, repræsenterede Spartas styreform den ældste eller første af de tre forfaldsformer. Det var den, der i Platons samtid kom tættest på *den ideale stat*, der var målet for alle hans bestræbelser.

Sparta var et stammearistokrati med rigide regler for landets ledelse, for borgernes liv og rettigheder, for social mobilitet og for opdragelse af børn og unge. Indretningen havde den hensigt, at staten fik de borgere, den havde brug for – og ikke omvendt. Samtidig skulle den sikre et stabilt styre, der kunne modstå tendenser til forfald.

Spartas forfatning

Spartas særlige forfatning blev ifølge traditionen indført af lovgiveren Lykurgos. Den bestod i en fordeling af jorden i 4.500, senere 9.000 lige store lodder. Magten blev delt mellem folkeforsamlingen og et tredivemandsråd. Desuden var der to konger, hvis primære funktion var at anføre hæren i krig. Børneopdragelsen var ordnet således, at alle spartanske drenge blev underkastet en hård og militaristisk disciplin for at blive stærke og tapre soldater. De unge mænd levede isoleret fra samfundet i et eller to år. De voksne mænd spiste sammen i særlige mandeklubber og ikke sammen med deres familier.

Selv med Spartas forfatning kunne personlige ambitioner dog ikke undgås. Derfor måtte der som nævnt en radikal løsning til:

Sådan et samfund bliver ødelagt af de guldreserver, som alle mennesker har puget sammen til sig selv. Først hitter de nemlig på forskellige slags luksus til sig selv og bøjer lovene i samme retning, da jo hverken de selv eller deres kvinder følger

*lovene. Og derefter begynder de at lure på hinanden og kon-
kurrere med hinanden og på den måde få størstedelen af be-
folkningen til at ligne dem selv. (Staten 550-551)*

I et sådant samfund i forfald bliver det at tjene penge
vigtigere end at være et 'godt' menneske. Rigdom bliver
et mål i sig selv og den alen menneskers værdi måles
efter. Det er 'syndefaldet' i den platoniske sociologi.
Stammearistokratiet slår over i sin modsætning – oli-
garkiet, der bliver en realitet, når et bestemt velstands-
niveau bliver afgørende for adgangen til ledende poster.

De tidlige moderne demokratier
Også de tidlige moderne demokratier havde regler, der ude-
lukkede fra valgret og valgbarhed – for eksempel baseret på
køn, formue, grad af økonomisk selvstændighed, race osv.
For hver sådan regel, der i tidens løb er blevet fjernet, har der
været ført lange og seje kampe.

Platons beskrivelser af oligarkiets politik, magt og øko-
nomi svarer til dagens uhæmmede kapitalisme – der
hvor svage, mere eller mindre demokratiske, stater ikke
formår at regulere markederne, og hvor de få beriger
sig på de manges bekostning. Rusland efter Murens fald
er nok det bedste eksempel på et moderne oligarki, men
også det deregulerede marked, der i Vesten opstod i
kølvandet på Margaret Thatchers og Ronald Reagans
neo-liberalistiske politik, bærer i høj grad præg af oli-
garki – de få meget rige.

Den uhæmmede kapitalisme og det deregulerede
marked skaber de klassemodsætninger, siger Platon,
der i oligarkiet giver ophav til revolution og borgerkrig:

Demokratiet opstår efter min opfattelse ved, at de fattige får overtaget og dræber nogle af deres modstandere, landsforviser andre og giver resten borgerskab og del i de politiske poster. Som regel bliver posterne i den demokratiske by fordelt ved lodtrækning. (Staten 557a)

Kampen om magten i den demokratiske stat
Platons beskrivelse af demokratiets fødsel kan genkendes i nyere tids store revolutioner – den amerikanske i 1775-83, den franske fra 1789-99 og de europæiske i 1848. Og den passer forbløffende godt på dagens politiske højredrejning i både USA og Europa. Højrebevægelserne grunder sig på en forståelig utilfredshed med de økonomiske umuligheder for en middelklasse, der kun er blevet fattigere de sidste 20 – 30 år, mens et fåtal har sat sig på flæsket. For eksempel kaldte højrefløjskandidaten Eric Zemmour ved det fransk præsidentvalg i 2022, med en udpræget krigsretorik, sit parti for *Reconquête!* – Generobringen! Platons beskrivelse af forfaldet til demokrati passer således måske bedst til vor egen tids demokratiske udfordringer og et muligt forfald til 'ulovligt demokrati', jf. Skema 2?

Demokratiet bliver for Platon til pøbelvælde. Ikke desto mindre er der i Platons beskrivelser momenter, der kommer uhyggelig tæt på dagens situation:

For eksempel vænner en far sig til at ville ligne en søn og er bange for sine sønner, sønnen gør det samme over for sin far og vænner sig af med at respektere og frygte sine forældre, så han virkelig kan være en fri mand. Indvandrere har samme rettigheder som borgere og borgere som indvandrere, og ligeså dan med udlændinge... Under de forhold bliver læreren bange for sine elever og fedter for dem, og eleverne bliver frække over for deres lærere. (Staten 562e-563a)

Genkendeligt, javel! Men er det udtryk for demokratiets forfald, eller for unges generelle oprørstrang, sådan som den til alle tider har eksisteret?

Videre hedder det:

> *Men kan du så ikke se, at alle disse ting tilsammen får borgerne til at blive meget sarte? Så hvis nogen kommer med noget der bare smager af undertrykkelse, bliver de voldsomt ophidsede og sætter sig imod. Til sidst, ved du nok, ser de også stort på lovene, for der må endelig ikke være nogen, der bestemmer over dem. (Staten 563d)*

> *I demokratiet derimod er den nok den herskende gruppe… og den mest aggressive del af den taler og handler, den anden del sidder rundt om talerstolene og buher og tolererer ikke folk med anden holdning. Det betyder, at alt i dette samfund bliver forvaltet af sådan en gruppe. (Staten 565d)*

Igen: fænomener vi genkender både fra højrefløjens frådende selvcentrerethed og fra venstrefløjens *woke*-bevægelse og identitetspolitik, hvor de 'forkerte' meninger ikke må få adgang til offentligheden, for ikke at krænke nogen. Men er disse bevægelser ikke mere udtryk for en manglende demokratisk dialog og et ønske om at nærme sig Platons ideale, og derfor totalitære stat, end de er udtryk for et demokratisk forfald til pøbelvælde?

Tyranniet vokser ifølge Platon frem af demokratiet, der hvor en enkelt leder formår at 'kæmpe' sig til folkets gunst gennem milde gaver og løfter om frihed. Men snart vendes situationen og folket slavebindes. Modstandere elimineres og folket mobiliseres til et evigt kampberedskab, der afholder dem fra at gøre oprør. Samtidig fattiggøres de, så de for at overleve er nødt til at følge trop. Tyranniet er som en modsætning til 'det gode' monarki og egentlig ganske berettiget, den mest vanartede form for regering.

Hermed bliver bevægelsen ned gennem de seks regeringsformer i Skema 2 til en U-bevægelse.

I Platons historicistiske sociologi ligger der således en teori om den bevægelsesdynamik, der leder samfundet i forfald. Primus motor i bevægelsen skal findes i den herskende klasses splittelse og 'syndefald' – i egoismen:

> *Er det ikke simpelthen sådan, at ethvert samfund forandrer sig som følge af, at der opstår uenighed blandt magthaverne, mens det umuligt kan ændres, hvis der er enighed blandt dem, hvor få de end er? (Staten 545d)*

Samtidig åbner hans teorier for en frelserskikkelse, der kan udfri folket fra de dårligdomme, der hjemsøger dem, vende udviklingen og føre dem til, med ord lånt fra Anden Mosebog, 'til et godt og vidtstrakt land, et land, der flyder med mælk og honning'.

Denne korte introduktion til Platons metode – at opstille teorier, at anvende dem til beskrivelse af genstandsfeltet og slutteligt give konkrete handlingsanvisninger – antyder hans underliggende videnskabsteoretiske tilgang, hvor filosoffen *tænker* sig til Sandheden og essensen, eller oprindelsen, bag den konkrete verdens fænomener. Disse tanker eller teorier anvendes så til

belysning af fænomenerne og derefter til handlinger –
til politik når det gælder samfundslivet. Der er et fuld-
stændigt fravær af argumenter. Fremstillingen består
udelukkende af påstande og konspiratoriske fordrejnin-
ger: Han gør *frihed til lovløshed og tøjlesløs handlefrihed, og
lighed for loven med uorden.* Som man siger: har man kun
en hammer, ligner alting søm! Uden en indbygget kri-
tisk fase i metoden er det ikke så vanskelig at få de fleste
teorier til at passe på virkeligheden. Den foreskrevne
handling bliver derfor afhængig af filosoffen og dennes
hæderlighed. Platon var klar over problemet, og angav,
som vi skal se, en meget radikal løsning!

IDEALSTATEN

Med beskrivelsen af Idealstaten, udfolder Platon sine filosofiske tanker til en mulig konkret samfundspraksis. Her illustreres konsekvenserne af essentialismen – og der skabes en drejebog for fremtidige despoter. Kapitlet er opdelt i afsnit omhandlende kastestaten, menneskeopdræt og uddannelse, etik, natur, vogterkasten, retfærdighed, styreform og filosofkongen.

Selvom tyranniet, som vi så det i forrige kapitel, er slemt, er det ikke historiens afslutning. For med det er bunden på 'elendighedens kurve' i Figur 1 nået. Det betyder i Platons historicistiske tænkning muligheden for en ny begyndelse:

> *...giv mig en by, der er styret af en tyran! Og tyrannen skal være ung, han skal have en god hukommelse, han skal være hurtig i opfattelsen, han skal være tapper, og han skal være storsindet af natur... Og tilføj: heldig – ikke i alle henseender, men i, at der i hans regeringstid dukker en lovgiver op, der fortjener anerkendelse, og at et tilfælde fører dem sammen; for når det er sket, har guden gjort næsten alt, når han ønsker, at det skal gå særlig godt for en by. (Lovene, 709e og 710 c-d)*

Platon henviser sandsynligvis her til egne erfaringer med tyrannen i Syrakus på Sicilien – med sig selv i rollen som den anerkendte lovgiver. Håbet ligger i, at et 'godt' menneske – det 'bedste' menneske med den bedste uddannelse – udtaler en variation over udsagnet: *Følg mig, jeg kender vejen til en fornyet Guldalder!*

Platon advokerer på den måde, i forsøget på at overkomme samtidens kaos og det generelle forfald, for en syvende regeringsform udover de seks vi så i Skema 2; den perfekte stat, Idealstaten eller filosofkongens styre. Han skriver:

> *Den nødvendige konsekvens af det er tilsyneladende, at den ubetinget eneste rigtige forfatning er den, hvori man finder ledere, der virkelig har viden og ikke bare ser ud til at have det.* (*Statsmanden* 293c)

Hvor og hvordan finder man den bedste leder til den perfekte stat? Man vælger den person med den længste og bedste uddannelse. Og hvem var det på Platons tid? Platon selv!

Med ideen om den stærke leder tilkender Platon mennesket en mulighed for at bryde forfaldet beskrevet i de forrige kapitler, eller i det mindste afbøde dets mest udtalte konsekvenser. Platons teser er altså ikke den rene skæbnefortælling. Der er indbygget en kattelem – med uoverskuelige virkningshistoriske konsekvenser. Kattelemmen, eller 'den stærke leder', betyder nemlig, at et utal af tyranner *in spe* og folkeforførere i et lige så stort antal fra de religiøse, ideologiske og politiske overdrev lige siden har kunnet sige: *Følg mig – jeg kender vejen til det gode liv og den evige frelse* – eller, i nyere tid: *Follow me – and make America great again!*

Skismaet mellem det lovbestemte forfald og menneskets mulighed for at standse forfaldet hænger, ifølge Popper, sammen med det jordiske forfalds karakter. Forfaldet begynder som et moralsk forfald, bliver til et politisk forfald og ender som et racemæssigt (den menneskelige races) forfald. Med en overmenneskelig kraftanstrengelse kan den gode leder, filosofkongen, vende det jordiske forfald og derved afvende også det kosmiske, guddommelige forfald.

Men hvad er resultatet af den perfekte stat og filosofkongens regimente? Hvis det er det modsatte af kaos og Heraklits *panta rei*, bliver det den stivnede stat, hvor al politisk forandring og udvikling er standset. Et sådant scenarie bærer mindelser om Den Kolde Krigs Østeuropa!

Den stærke leder
Hitler benyttede samme platoniske argument, da han i 1933 afskaffede det tyske demokrati og erklærede sig selv for 'Fører'. På det tidspunkt fremstod han som den, der kunne redde Tyskland ud af elendigheden efter den tabte Første Verdenskrig.

I dag benyttes argumentet blandt andet af autokrater som Ruslands Putin og Tyrkiets Erdogan.

Når Platon fremhæver Spartas og Kretas forfatninger, er det, fordi de, som gamle og stivnede strukturer, bærer de tydeligste præg af forhistoriske og ideelle stammearistokratier. Han prøver at beskrive, ikke blot hvordan og hvorfor de forfalder, men også hvordan de undgår den ulyksalige splittelse i klassekamp og konkurrerende økonomiske interesser. For selv under størknede systemer som i Sparta lurer farerne. Derfor må den ideale stats forfatning tage højde for denne menneskelige svaghed. Det er det radikale i Platons tanker.

Platon så og kendte til to regeringsformer til håndtering af klassekamp og økonomisk egoisme: Enten kunne man følge Athens eksempel og arbejde for et demokratisk og egalitært samfund, hvor selv kvinder og slaver havde rettigheder. Eller man kunne – og det er det Platon foreslår – gå ind for et kastesamfund med faste strukturer med en suveræn overklasse og hvor ethvert tilløb til oprør slås ned med hård hånd. Skal samfundet holdes stabilt og uden udvikling mod forfald, fordrer det, at den herskende kaste er forenet på alle tænkelige måder.

KASTESTATEN. Idealstaten har i Platons optik tre klasser: vogtere, krigere og arbejdere. Eller rettere kun to klasser: den militære, væbnede og uddannede kaste og den ubevæbnede og uuddannede kaste. Vogterne er nemlig gamle, vise krigere. Arbejderne har ikke Platons interesse – de er kun menneskekvæg for ham – derfor berører han næsten ikke deres livssituation og foretager ikke en yderligere inddeling af dem.

Når jeg beskriver systemet som et kastesamfund er det fordi medlemmerne af en kaste i højere grad er fastlåste i den position, deres fødsel giver dem, end tilfældet er i et klassesamfund. Platon leger absolut ikke med tanken om social mobilitet!

Efter en drøftelse af vaner og normer på markedet, der er mødested for arbejderkasten, viser det sig, at han end ikke gider lave love for det økonomiske samkvem:

Ja, så jeg ville nu altså ikke tro, at den sande lovgiver burde beskæftige sig med den slags detaljer i lovgivningen og i samfundet, uanset om det er en by der bliver ledet godt eller dårligt. I det ene tilfælde fordi det er nytteløst og ikke fører til noget, og i det andet fordi alle og enhver selv vil finde ud af noget af det, og resten vil følge af sig selv, fordi folk har de vaner, vi allerede har beskrevet. (Staten 427a)

Som vi har set, afhænger Idealstatens overlevelse altså udelukkende af den herskende kastes indre enhed. Denne tilvejebringes ved at eliminere alle interesser, der kan føre til splittelse: afskaffelse af privat ejendomsret, ejerskab til værdifulde metaller, fælles ejerskab af kvinder og børn – ingen må vide, hvem man er far til:

Så skal disse mennesker ['pædagoger'] også tage sig af børnenes pleje og føre mødrene hen til folden, når deres bryst er spændt, men de skal gøre alt for at undgå, at nogen kan kende sit eget barn. (Staten 460c-d)

Kernefamilien ophæves til fordel for stammefællesskabet, der dækker hele krigerkasten. Samtidig skabes der balance mellem velstand og fattigdom. Så burde roden til al kiv og splittelse være fjernet. Idealstaten indebærer opløsningen af enkeltindividet i den totale stat – i kollektivet.

Opløsningen af enkeltindividet i den totale stat
Opløsningen af enkeltindividet i det nazistiske Tyskland beskrives allerede i 1933 af Ernst Forsthoff i *Der totale Staat.*

*Den totalitære stat skal være en stat med total ansvarlig-
hed. Den repræsenterer den enkeltes totale forpligtelse
over for nationen. Denne forpligtelse ophæver enkeltek-
sistensens private karakter. Enhver bærer, i ét og alt, i
sin måde at handle og føre sig på, i det offentlige som in-
den for familien og det hjemlige fællesskab, ansvaret for
nationens skæbne. Det væsentlige er ikke, at staten ud-
steder love og befalinger for de mindste celler i folkets liv,
men at den også her kan gøre ansvarligheden gældende,
at den kan drage den enkelte til regnskab, som ikke lader
nationens skæbne gå forud for sin egen personlige. Dette
krav fra statens side, som er totalt og stilles enhver stats-
borger, udgør det nye i statens væsen ...* (citeret efter Friis
2005)

Det enkelte menneske er forsvundet til fordel for staten og
dens behov. Det er systemet før mennesket. Kun derved lader
Førerprincippet sig gennemtrumfe. Mennesket er til som re-
sultat af statens vilje, ikke omvendt.

For den herskende kaste er det konstante fokus på for-
skellen mellem kaster med til at opretholde systemet.
Derfor er enhver tanke om egalitet og kastemobilitet en
fare for Idealstaten:

*Men når jern blandes med sølv og kobber med guld, opstår
der en uharmonisk ulighed og uregelmæssighed, og hvor de
ting end opstår, skaber de altid krig og uvenskab.* (Staten
547a).

Citatet handler ikke om legeringskunst, men kastemo-
bilitet.

MENNESKEOPDRÆT OG UDDANNELSE. Pla-
ton tog afstand fra den demokratiske model, bl.a. fordi
han selv havde oplevet, hvordan politiske hypoteser
ofte var fejlbehæftede og skabte mere kaos end orden.
Når svaret på ledelsesspørgsmålet for Platon var 'den
bedste', flyttede han fokus fra de politiske institutioners

ageren til enkeltpersoners evner og vederhæftighed. Men det kan ikke gøre det alene, for et samfund må på en eller anden måde have nogle institutioner, der kan udvælge fremtidige ledere. Dermed får uddannelsesinstitutionernes indretning og praksis betydning. Uddannelse af 'den bedste leder', og dermed pædagogik som sådan, blev et nyt, afgørende institutionelt element i Platons teori om Idealstaten.

Uddannelse forudsætter motivation for læring. Sokrates viste vej til motivation ved at erkende sin egen uvidenhed og dermed en mangel, som uddannelse kunne afhjælpe. Således er han på linje med skemaet for videnskabens processer og for demokratiet, se side 107. For eksempel siger han i Charmides:

> *Udtrykkene 'at være besindig', 'besindighed' og 'at kende sig selv' betyder netop dette: at vide, hvad man ved og hvad man ikke ved. (Charmides 167a)*

Sokrates' eget svar er hele tiden at fastholde denne uvidenhed som udgangspunkt for undersøgelser af dette eller hint, og at lade viden komme til syne gennem den dialogiske undersøgelse. Han kalder det for 'fødselshjælp'. Popper selv konkretiserer Sokrates i en passage i sin selvbiografi:

> *I dreamt of one day founding a school in which young people could learn without boredom, and would be stimulated to pose problems and discuss them; a school in which no unwanted answers to unasked questions would have to be listened to; in which one did not study for the sake of passing examinations.* (Popper 1974:31)

Sokrates – og Popper – kommer dog med et indbygget pædagogisk dilemma. For hvad med dem, der ikke erkender egen uvidenhed og behov for at lære? Det er jo dem, der har det største behov. I forældre-barn relationen får dilemmaet karakter af at *tvinge til selvstændighed*. I princippet er det noget nær en umulighed, og alligevel er det det, ethvert forældrepar er forpligtet på at gøre – og som de dagligt gør! Så hvordan realisere Poppers drøm om den eksamensfrie skole, hvor eleverne lærer af egen fri vilje og lyst? Fordrer det ikke en 'forældreautoritet', der kan udleve det indbyggede sokratiske dilemma? Jo, synes Platon at mene, og åbner dermed for statens overtagelse af opdragelsen og uddannelsen af de kommende generationer.

I græsk forhistorisk tid vogtede, siger myten, en gud menneskene som en hyrde vogter sin hjord. Derfra opstod nomadesamfundet under en vogtende konge – det er den oprindelige ideelle, historiske statsdannelse med kongens eller den ældstes styre. Ved overgangen mellem det forhistoriske og det historiske bosatte dette folk – dorerne – sig på Peloponnes. Det skete gennem en voldelig overtagelse, og gjorde dermed de oprindelige beboere til undermennesker og slaver, til menneskekvæg.

Politik blev derfor oplevet og tænkt som hyrdekunst – at kunne styre menneskekvæget. Krigerne eller hjælperne (begge betegnelser bruges) er *ligesom lydige hyrdehunde i deres forhold til byens ledere*. (*Staten* 440d)

Krigernes – og dermed i sidste instans også vogternes – opdræt og uddannelse bliver i Platons Idealstat altafgørende og definerende klasseprivilegier. Både opdræt og uddannelse bliver en del af den herskende kastes styringsredskaber.

Når det gælder opdræt, benyttes de samme teknikker som ved opdræt af husdyr: Staten skal styre det således, at de 'bedste' krigere ligger med de 'bedste' kvinder, så der kan avles 'gode børn'. Systemet skal være hemmeligt, så de 'dårlige' mænd ikke opdager, at de ligger med færre og 'dårligere' kvinder end de 'gode' mænd.

Moderne racehygiejne

Platons tanker om opdræt og racerenhed fik fornyet videnskabelig og politisk interesse i slutningen af 1800-tallet og op gennem første halvdel af det 20. århundrede. K.K. Steinckes danske sociallove fra 1933 havde et tydeligt præg af racehygiejne i forhold til at begrænse graviditeter blandt psykisk og socialt udsatte kvinder. Pigerne på forsorgshjemmet på Sprogø er måske det mest kendte og åbenlyse eksempel på den institutionaliserede racehygiejne i Danmark.

Før det havde bolsjevikkerne i den nydannede sovjetstat haft lignende tanker omkring skabelsen af det nye sovjetmenneske – men primitive som de var, kom de aldrig længere end til at udrydde fjenderne af deres stat.

I Tyskland gik nazisterne langt videre i deres racehygiejniske bestræbelser. Her blev det vigtigt at kunne dokumentere sine tyske rødder og en slægt uden psykiske sygdomme, når man valgte ægtefælle. Enlige tyske kvinder blev i *Lebensborn*-programmet opfordret til at få børn med racerene unge mænd fra SS. Og med et omfattende program for 'medlidenhedsdrab' blev flere tusinde psykisk syge aflivet med gas – også som et træningsforsøg forud for folkedrabet på jøder, romaer og andre ikke-tyske personer.

Nazisterne løb i øvrigt ind i praktiske problemer. For med den store brug af især østeuropæiske tvangsarbejdere i de tyske virksomheder og på de tyske gårde, som supplement og erstatning for de tyske mænd, der var udskrevet til krigstjeneste, kunne det ikke undgås, at den menige tysker oplevede disse 'undermennesker' som lige så menneskelige som dem selv – og at der ind imellem også opstod romantiske følelser på tværs af 'racerne'. Den menneskelige natur er heldigvis somme tider stærkere end optugtelsen!

Ideerne lever videre i dag: I Indien, hvor drenge værdsættes meget højere end piger, og hvor det er brudens forældre der i en ofte ruinerende praksis betaler for brylluppet, er fravalget af pigefostre markant højere end for drengefostre – kønnet bliver altså kriterie for overlevelse!

Og ligesom med opdrættet af dyr med racemæssige egenskaber, skal krigernes kaste, herrefolket, holdes arveligt rent – hvilket tillader misrøgt af og barnemord på 'dårlige' børn, som det i Antikken blev praktiseret i Sparta og som det skete i Rumænien under Ceausescu indtil systemskiftet i 1989:

> *Jeg tænker mig, at de vil tage de godes børn og bringe dem til en fold hos nogle særlige plejere, der bor for sig selv i en bestemt del af byen. De dårlige folks børn og eventuelle vanskabninger blandt de gode folks børn skjuler de et sted man ikke taler om og ikke ser, sådan som det nu er passende. (Staten 460c)*

Ideen om en pædagogiske provins, hvori børn vokser op, dannes og uddanner sig, genfinder vi hos 1700-talsfilosoffen Rousseau, se nedenfor.

Uddannelsesmæssigt skulle krigerne oplæres i gymnastik og musik (dvs. humaniora bredt forstået). De to faggrupper afspejler henholdsvis krop og sjæl, det fysiske og det åndelige. Fagene skulle afbalanceres, så krigeren hverken blev for aggressiv eller eftergivende overfor menneskekvæget.

Rousseaus bondeidyl
Jean-Jacques Rousseau (1712 – 1778) var medspiller til Oplysningstiden, hvor fornuften, det naturlige og videnskaben bliver afgørende. Men han var det på en mærkelig bagstræberisk måde. Han er født i Geneve, forlod hjemmet som 15-årig og rejste og boede i Frankrig, Schweiz og England. Fik

sammen med vaskekonen Therese Lavasseur 5 børn. De blev
alle opfostret på børnehjem: Rousseau opfattede sig dermed
som medlem af Platons republik, skønt han i bogen *Émile*
skrev: *Den der ikke kan opfylde en faders pligter, har ikke ret
til at sætte børn i verden.*

Rousseaus tanker kender vi blandt andet fra disse skrif-
ter:

Sædernes fordærv (1750)

Rousseau vandt førsteprisen og stor berømmelse på en nega-
tiv besvarelse af en prisopgave, som Akademiet i Dijon havde
stillet: *Har fornyelsen inden for videnskab og kunst bidraget
til at forædle sæderne?* Han formulerede i svaret det udvik-
lingsskræmte småborgerskabs kritik af samtidens frem-
skridtstro i en 'tilbage-til-naturen' filosofi:

Han gjorde det ved at videreføre Platons kritik af indivi-
dualisme som udtryk for egoisme. De kunstige behov, postu-
lerede han, nedbryder det ægte menneskelige: Den ædle vilde
lader sig ikke dressere! Idealet bliver den schweiziske, selv-
forsynende bonde langt oppe i en Alpedal.

Det kom til at danne basis for alle senere drømme om
stokroser og et lille hus på landet!

Den sociale kontrakt (1762)

Ved den sociale kontrakt, *Samfundspagten*, afgiver den en-
kelte suverænitet til fællesskabet, der til gengæld yder be-
skyttelse ved at sikre *goderne, livet og hver enkelts frihed.*
Frihed vil derfor sige at følge samfundets love.

Lovene bør ikke vedtages af en folkeforsamling med indi-
viduelle særinteresser, for den vil næppe beslutte i overens-
stemmelse med almenviljen, der kun ser på fællesinteressen.

Statens ophøjede ledere følger derimod retfærdigheden
og dermed almenviljen (folkets *egentlige* vilje). De udsteder
også lovene. Dermed er grundlaget lagt for: 1) Despotiet, 2)
En bestemmelse af lykken og 3) Staten som folkeopdrager.

En bestemmelse af lykken

Samfundets mål er lykke – for den enkelte eller for fædrelan-
det (det nye *buzzword* på den tid!). Det var alle enige om, men
hvordan lykken skulle sikres, var man uenige om.

Med tankegodset fra *Sædernes fordærv* og *Den sociale
kontrakt* mente Rousseaus at kunne definere lykken. Men li-
gesom det senere blev tilfældet for DDR, leder den type defi-
nitioner til tyranni. Og resultatet: Rousseau ville som en afri-
kansk høvding ved grænsen rejse en galge, hvori han uden
videre ville hænge *den første europæer, som vovede at*

trænge ind, og den første borger, som ville forsøge at forlade landet. Sætter man sig op mod statens definition af lykken, må man dø som *folkefjende.*

Modsat med Voltaire, der skrev: *Den, som brænder efter at blive ædil, prætor, konsul, diktator, råber, at han elsker sit land, og han elsker kun sig selv.*

Staten som folkeopdrager

Ledernes opgave er moralsk. De skal gennem lovene forme menneskene. Det er legitimt, for kloge ledere kender almenviljen. *Selv om det er godt at forstå at beskæftige menneskene, sådan som de er, er det meget bedre at gøre dem, sådan som man har behov for, at de er...* Statsmagten skal trænge ind i menneskets sind for at bringe det på den rette vej, der er identisk med det offentliges interesser.

Politikerne blive folkeopdragere på baggrund af en moralsk politik, der altid vil skabe gode mennesker ved at forandre menneskene – f.eks. ved at befri dem for 'falsk bevidsthed'.

Ligesom med lykkebegrebet leder Rousseaus folkeopdragelse, uanset hvor velment og 'nødvendig' den måtte være, til tyranniet. (Møller 1996:122ff)

Rousseaus tanker danner basis for 1800-tallets Romantik. Romantikken er på den måde en del af virkningshistorien efter Platons sociologi.

ETIK. Det er, siger Popper…

…et af karaktertrækkene ved et primitivt stammesamfund eller et "lukket samfund", at det lever i en tryllekreds af uforanderlige tabuer, af love og skikke, der føles lige så uundgåelige som solopgangen, eller årstidernes skiften, eller tilsvarende indlysende regelmæssigheder i naturen.

I det lukkede samfund er der ikke forskel på natur og kultur eller på natur og samfund. Det der, også for en uvidenskabelig betragter, er selvindlysende i naturen spejles som lige så selvindlysende i kulturen, i samfundet og i mennesket. Dette var også Platons position, og han og hans samtid havde svært ved at forholde sig kritisk til det, for tanken var for dem netop selvindlysende. Man skal ind det åbne samfund for overhovedet at kunne se det og stille spørgsmål til idéens rigtighed – i det lukkede samfund ser man det ikke, for man står jo midt i det og ser kun det, man har lært at se.

Poppers pointe, som de fleste vel vil anerkende i dag, er, at der er forskel på menneskenes deskriptive naturlove, der beskriver fænomener i naturen og som vi videnskabeligt erkender, og normative love, der er gude- (f.eks. De Ti Bud) eller menneskeskabte (f.eks. Serviceloven). Måske er det termen 'lov', der bruges om begge fænomener, der virker forvirrende – det hedder det samme, men er forskelligt!

Den væsentligste forskel er, at normative love, netop som skabt af mennesker, modsat naturlove kan håndhæves og brydes, og de kan ændres – de er ikke uforanderlige.

Normative love kan vurderes efter et sæt værdier – om de er gode eller dårlige. F.eks. den såkaldte 'grimme lov' om homoseksualitet fra begyndelsen af 1960-erne. Loven diskriminerede homoseksuelle og blev hurtigt både forhadt og foragtet. Og den blev efter nogle få år afskaffet igen.

Modstandere af at skelne så skarpt mellem naturlige og normative love mener, at der er en gråzone, hvor normative love kan baseres på menneskets 'natur' eller essens. I den grad der er noget korrekt i dette synspunkt, bør man for klarhedens skyld, mener Popper, tale om 'naturlige normer'.

Deservingness

Begrebet *deservingness* – vel nærmest 'fortjenesthed' på dansk – er et sådant muligt argument for 'naturlige normer', og kan måske på den måde være med til at opbløde Poppers kategorier.

Det at give til andre, der har behov, er et urgammelt fænomen.

I en undersøgelse af moderne velfærdssamfund – Danmark og USA – kommer den danske forsker Michael Bang Petersen frem til følgende (begge citater er fra Petersen 2011):

> *...research shows that people predominantly rely on a simple heuristic: Do the recipients deserve the benefits or not? This deservingness heuristic prompts people to categorize recipients as deserving or undeserving on the basis of recipient effort. People strongly oppose welfare spending benefiting individuals they regard as lazy, while they are quite supportive of benefits to the unlucky – i.e., those who try but fail due to circumstances beyond their control.*

Vi er, *uanset* kulturel baggrund (USA/Danmark), villige til at dele vore ressourcer med mennesker, der af uheldige årsager de ikke selv har været herre over, er havnet i en nødsituation, og om hvem vi antager, at de vil hjælpe os, skulle vi selv en dag have hjælp behov. Derimod ses der med skepsis på velfærdsydelser til personer, der opfattes som dovne.

Hvorfor overhovedet være altruistisk? Er det ikke sådan, at vi mennesker er egoister af natur, og at vi derfor ikke giver noget væk?

Nej, altruisme er ikke blot en fiks ideologiske idé, men derimod en rationel evolutionært tillært strategi, der ligger dybt i menneskets genpulje – deri ligger dets 'naturlighed'. Altruisme har været en overlevelsesstrategi for mennesker, siden vi kravlede ned fra træerne og begyndte at vandre ud over stepperne. For kun gennem gensidig hjælp – *reciprok altruisme* – kunne enkeltindividerne overleve og sikre artens fortsatte beståen.

> *...the deservingness heuristic is rooted in psychological categories that evolved over the course of human evolution to regulate small-scale exchanges of help. That is, beneath the real and substantial variation in individual perceptions of the effort of welfare recipients, a species-typical set of psychological categories that exists in us all, motivating us to extract and respond to information about <u>the effort of those in need of help</u>.*

Petersens argumenter underbygger påstanden om det altruistiske menneske, måske endda så meget, at begrebsparret altruisme/egoisme i Poppers Matrix nedenfor bliver det primære og individ/kollektiv det sekundære? Og sådan at altruismen finder sin begrundelse i biologien og evolutionen, mens egoismen, som mange har påstået som et fremherskende karaktertræk ved mennesket, er ideologisk funderet og tillært senere i evolutionen?

Sammenblandingen af de deskriptive og de normative love er således ikke et enten/eller. Der er snarere tale om en skala fra det rent deskriptive til det rent normative med en glidende overgang mellem yderpunkterne. Popper opregner fem trin eller scenarier i forståelsen og blandingen af naturlige og normative love, fra det lukkede til det åbne samfund:

(1) I *den naive monisme* er der ingen forskel mellem de naturlige og de normative lovtyper, og derfor heller ikke mellem typer af straf – pålagt af andre mennesker eller af naturen/Gud. Der, hvor de naturlige love initieres og opretholdes af guder eller lignende åndelige væsner, kan f.eks. shamaner lejlighedsvis ændre dem til fordel for menneskene (f.eks. den grønlandske åndemaners rejse til *Sassuma Arnaa*, Havets Moder, for at få fangstdyrene tilbage i havet). Det kan være medvirkende til, at man antager normative regler for naturlige – for at være af samme type som naturlige regler. Det betyder samtidig, at når man ser, at disse naturbegrundede regler kan brydes uden sanktioner – f.eks. ved Kristendommens udbredelse i Grønland – bliver det lettere at forlade synspunktet. Så er man på vej mod den anden pol på skalaen; kritisk dualisme – med mulighed for demokrati.

(2) *Den biologisk naturalisme* anerkender, at normer er menneskeskabte, men således at de har naturlovene som basis, hvorfra de kan udledes. Den biologiske naturalisme mener f.eks., at normen om den stærkeste ret, den sociale darwinisme, kan afledes af den biologiske darwinisme. Derfor bliver forsvaret for de svage, sådan som Athens politik var det på Perikles tid, kunstige forvrængninger – mente Platon. Omvendt kan det egalitære synspunkt, at vi alle er født lige, også henføres til den biologiske naturalisme. Som reaktion på Perikles' humanitære 'store generation' fastholder Platon forskelligheden mellem grækerne og barbarerne – som lig med forskellen mellem herre og slave. Uligheden, argumenterer han, er grunden til og grundlaget for samfundet – så alles evner og anlæg kan udnyttes optimalt.

(3) I *den positivistiske etik* findes der ikke andre normer, argumenteres der, end dem, der allerede er. Altså dem med positiv eksistens. Og det der er, er godt – hvilket er det samme som at sige, at magt er ret! I den positivistiske etik er det ikke mennesket, der opstiller normerne og vil samfundet. Det er omvendt: det er samfundet, der opstiller normerne og vil en bestemt mennesketype, jf. boksen nedenfor om konkurrencestaten, der med Bjarne Corydons ord var 'nødvendighedens politik' og derfor udenfor kritik. Mennesket kan ikke bedømme positivistiske normer – og da slet ikke lave dem om. Synspunktet genkendes også fra den autoritære Kristendom, hvor Bibelens ord er lov.

(4) *Den psykologiske eller åndelige naturalisme* bygger på en dualisme mellem kød og ånd – og er dermed en blanding af biologisk naturalisme og positivistisk etik. Synspunktet anerkender, at vi ofte ønsker eller føler et behov for mere end blot den rent biologiske tilfredsstillelse – vi ønsker noget åndeligt i tilværelsen. Det giver anledning til 'naturlige rettigheder'. Et eksempel kan være ordene fra den Amerikanske Uafhængighedserklæring:

> *We hold these truths to be self-evident, that all men are created equal, that they are endowed by their Creator with certain unalienable Rights…*

Skal disse fire første positioner opsummeres, kunne det lyde således: Vi skaber disse teorier, fordi vi er bange for selv at tage ansvar. Men ved at overlade ansvaret til en anden instans, er det jo netop noget vi selv gør. Og så er vi egentlig lige vidt – hverken Gud, naturen, samfundet eller historien har ansvaret for, hvordan vi har et fællesskab og et samfund med hinanden. Det har kun vi selv!

(5) *Den rent normative position,* som Popper kalder 'kritisk dualisme', tilsiger, at normer skabes, forhandles og kan forandres af mennesker gennem konventioner eller aftaler. Normer er vores ansvar, også når vi overtager dem fra andre – når vi erkender, at det er det, vi gør. De er derfor aldrig tilfældige! Fordi normerne er menneskeskabte og dermed alene vores ansvar, er det også vores ansvar at forbedre dem, der hvor vi finder fejl og

mangler. Moral og etik er ligeledes menneskelige fænomener, de findes ikke i naturen og de er ikke givet os af
højere magter:

> *Vi er naturens skabninger, men naturen har skabt os med
> vor kraft til at ændre verden, til at træffe vidtrækkende be
> slutninger som vi er moralsk ansvarlige for. Alligevel indtræ
> der ansvar og beslutning kun i verden sammen med os.* (Pop
> per 2000:79)

Beslutninger vedrører kendsgerninger i samfundet,
f.eks. forestillinger om et bedre samfund, historier om
svigtende hjemmehjælp eller behovsanalyser omkring
nye motorveje. Men beslutningerne kan ikke afledes af
disse kendsgerninger. For for hver kendsgerning vil der
typisk være en håndfuld forskellige løsninger at vælge
imellem – der er helt sikkert uenighed om, hvordan et
'bedre samfund' skal indrettes, om den ønskelige kvalitet og omfang af hjemmehjælp og om man overhovedet
skal bygge flere motorveje.

Beslutninger kan heller afledes af naturlovene, selv
om de ofte kun kan gennemføres i henhold til naturlovene – det er mennesker, der besluttede at bygge Storebæltsbroen, men det er ingeniørernes beherskelse af
naturlovene, der muliggjorde byggeriet. Derfor vil
mange beslutninger være i overensstemmelse med de
muligheder naturlovene og vores viden om dem stiller
til rådighed i den givne situation.

Marvin Harris – forbudent kød

Antropologen Marvin Harris gav i 1970-erne et bud på hvordan kulturer – dvs. mennesker – indretter sig i overensstemmelse med de naturgivne forhold, de lever under. Basis for beskrivelsen var antagelsen om, at den kollektive adgang til proteiner, var afgørende for samfundsstrukturerne.

F.eks. henviste han til Tredje Mosebog, kap. 11: *Loven om rene og urene dyr*. Her er der religiøst funderede men meget logiske forbud mod at fange og spise en lang række dyr – og der er tilsvarende undtagelser. De fleste af de forbudte dyr er små og hurtige og svære at fange. Dvs. at der bruges uforholdsmæssig meget energi på at fange dem, i forhold til den energimængde de repræsenterer som føde for jægeren. Undtagelserne er en række sværmende græshopper, der må spises, når de har ædt alle markens afgrøder – det er ren overlevelsesstrategi!

Et andet dyr, der ifølge Tredje Mosebog er forbudt at spise, er svinet. Harris begrunder forbuddet økologisk. Da Palæstina for 7.000 år siden var dækket af skove, blev der holdt og spist mange svin. Svinene fouragerede i skovene, og udnyttede derved en økologisk niche. Men skovene forsvandt og derved opstod en konkurrence mellem svinet og mennesket om de samme fødeemner, for svin og mennesker spiser nogenlunde det samme. Altså: Det mulige blev begrænset af naturen, men lovgivningen, der skulle regulere menneskets adfærd, blev legitimeret med henvisning til Gud. Da vi senere i historien ikke længere var underlagt samme begrænsning, opgav vi den gammeltestamentlige Moselov, og spiser gladelig svin – endda ved en kristen højtid som juleaften!

Loven om rene og urene dyr er næsten ordret overtaget af Islam. Der fastholder man forbuddet mod svinekød, men så er de naturgivne muligheder i de islamiske kernelande nok heller ikke til svineproduktion.

Omvendt med kamelen. Ifølge Moseloven er den uren for jøder at spise – men ikke for tilhængere af Islam. Den økologiske begrundelse for dette er, ifølge Harris, at der var få kameler i Palæstina og de derfor var meget værdifulde som ridedyr ind i ørknerne mod øst. På den arabiske halvø derimod var der mange kameler, og i nødsituation kunne et slagtet dyr betyde forskellen på liv og død. Praktiske regler valgt af mennesker, men med guddommelig legitimation!

Kritisk dualisme fremhæver umuligheden af at reducere beslutninger om handlinger og normer til kendsgerninger – den er derfor en *dualisme mellem kendsgerninger og beslutninger*. Det kan være en god idé her at holde tungen lige i munden: Det er en kendsgerning, at det regner (hvis det altså gør det). Men det er min beslutning, om jeg går ud i regnen med paraply eller regntøj. Samtidig er den handling at træffe en beslutning, det at vælge en norm eller standard, en kendsgerning i sig selv. Det er en kendsgerning, at vi træffer valget. Men den valgte norm eller standard er ikke en kendsgerning i sig selv.

Vi er enige i normen 'Du må ikke lyve'. Den enighed er en kendsgerning. Men normen om ikke at lyve er ikke en kendsgerning – og den kan overtrædes, endda nogle gange med stærke moralske principper som grundlag. Vi kan derfor ikke aflede normer fra kendsgerninger. Men ud fra vedtagne normer kan kendsgerninger få os til at træffe beslutninger om at handle. Så selvom vi som mennesker har ansvar for normerne, er de ikke nødvendigvis vilkårlige. Meget ofte vil de ligge inden for en ramme af naturgivne muligheder – men det gør altså ikke, at de er 'naturlige'.

Poppers *synspunkt er et angreb på visse former for religion, nemlig på den blinde autoritets religion, på magi og tabuisme.* Talibans rædselsregimer i Afghanistan er et eksempel på netop 'den blinde autoritets religion' – men det samme kan vel også gælde politiske kulter, som f.eks. følgerne af Donald Trump.

Derimod er der ingen modsætning til en Kristendom, der bygger på individets personlige ansvar og samvittighed og som gør op med farisæernes og de skriftkloges formelle lydighed mod loven – en lydighed der gjorde, at de havde glemt at tænke selv.

Poppers standpunkt, at vi handler individuelt, autonomt og ansvarspådragende kan kaldes *doktrinen om etikkens autonomi.*

John Steinbeck om Guds ord til Kain
I romanen *Øst for Paradis* lader John Steinbeck en gruppe kinesiske lærde drøfte, hvad det egentlig er, Gud siger til Kain før brodermordet. I Bibelen står det (1. Mos. 4:7) *Du skal herske over synden.* Hos Steinbeck kan den hebraiske udtryk *timshel* forstås både som 1) 'du skal', hvilket er en bydemåde, der ikke overlader et ansvar til mennesket, 2) som 'du vil', hvilket er fatalistisk og dermed heller ikke tilkender mennesket ansvar, og 3) som 'du kan', hvilket overlader ansvaret for handlinger til mennesket selv. Den sidste tolkning ligger således tæt på Karl Poppers synspunkt.

Jeg har på et tidspunkt spurgt en amerikansk-israelsk rabbiner om rigtigheden af Steinbecks oversættelse af ordet *timshel.* Han bekræftede, at 'du kan' er en udmærket oversættelse.

NATUR. Natur er hos Platon lig med den bagvedliggende, oprindelige idé. Natur er tingenes essens og dermed kvalitet. Omvendt er alt menneskeskabt kunstigt og kopier af noget oprindeligt. Og som sådan er det uden værdi. Den derved skabte dualisme, siger Popper, skaber en uheldig modsætning mellem natur og kunst, mellem sandt og falskt, *mellem den rationelle videns mål og de fejlagtige meningers.* Forskellen mellem det Platon kalder *episteme,* som er den viden, der retter sig mod fænomenernes essens og derfor er den sande vidensform, og *doxa* (jf. side 41), der er meningernes vidensform – den vidensform, der bygger på kopier af kopier af de sande, gudeskabte ting, og som derfor ikke selv kan tillægges sandhedsværdi, får betydning for vort forhold til moderne videnskab:

Moderne videnskab, sådan som Popper beskriver den, bygger på undersøgelse af hypoteser; altså på *doxa* og foreløbig viden og dermed på en afvisning af tanken om *episteme.*

Naturvidenskab har jo netop den eksisterende natur som sit arbejdsfelt og benytter observation eller erfaring til korrektion af rationelt udformede hypoteser. Moderne naturvidenskab følger ikke Platons tankegang, men Poppers, og må derfor være *doxa*.

Moderne samfundsvidenskab er mere tilbøjelig til at følge Platons visioner. I dag får det karakter af konstruktivisme, hvor der tillades flere 'virkeligheder' og altså også flere 'sandheder' – hvilket lyder som en umulighed. Det kan være medvirkende til Trumps negligering af fakta og til Putins tilpassede historieskrivning. Grunden kan være, at samfundsvidenskaberne traditionelt har haft en nær kontakt med historicismen i nogle af De store Fortællingers -ismer. Tendensen bliver en tilnærmelse til den platoniske metode med undersøgelser af fænomeners oprindelse og årsag i forsøget på at finde frem til det menneskelige samfunds 'sande natur'. Det gør videnskaben normativ, dvs. at den ikke kun er beskrivende og viden-skabende, men også foreskrivende. Derved bidrager den ikke til den demokratiske samtale om alternativer, men kun til teknokratiske løsninger.

VOGTERKASTEN. Platons sociologi har, som vi har set, fokus på samfundets forfaldsprocesser. Forfaldsprocesserne drives, siger han, af menneskets sociale natur. Den menneskelige sociale natur er igen et resultat af menneskets ufuldkommenhed. Graden af ufuldkommenhed – eller nærheden til det perfekte, hvad der er det samme – betyder, at de 'bedste' mennesker har brug for de mindre gode til alle de snavsede jobs – de har brug for samfundet, så de ikke selv degenererer yderligere. Staten må derfor placeres over individet, for kun en stat kan bearbejde det sociale hen imod det perfekte.

Det der modarbejder statens virke hen imod det perfekte er individernes middelmådighed og stigende forfald. Derfor bør staten ledes af de mest fuldkomne blandt menneskene. I *Lovene* (690 b-c) hedder det:

> *Men den mest betydningsfulde ret, ser det ud til, kunne være [den] som byder den ukyndige at følge og den indsigtsfulde både at lede og styre. Dog vil jeg ikke ligefrem sige, du kloge Pindar, at dette var i strid med naturen, men i overensstemmelse med den, at loven styrer frivillige og ikke er voldelig.*

Påstanden er de vises styre over masserne, begrundet i menneskets natur – og den ulighed mellem mennesker vi er født med. I forlængelse heraf, bør enhver have det erhverv, der er i overensstemmelse med éns natur. Naturargumentet leder altså Platon frem til det anti-demokratiske, diktatoriske styre, der stadfæster uligheden som princip. Og argumentet stadfæster det naturlige i den enkeltes ønske om at tjene staten med de evner vedkommende nu har, fremfor at tænke på sig selv. Når basis på den måde er i det naturlige og ledelsesprincipperne – de vises eller Vogternes ledelse – udledes deraf, er der næppe plads til kritik eller alternative synspunkter, for de vil i så fald være naturstridige:

> *Du har glemt, at al form for tilblivelse finder sted til fordel for altets liv og for dets lykkelige eksistens; tilblivelse finder*

ikke sted for din skyld, du eksisterer for altets skyld. (Lovene 903c)

Byen eller staten har borgerne, ikke omvendt. Byen eller staten har primat ift. mennesket! Det er det totalitære stat! Dette er organisk statsteori, jf. biologisk naturalisme ovenfor – og henvisningen ovenfor til Steinckes sociallove.

Statens ve og vel er bundet til menneskenes sjælelige sundhed – især vogternes sjælelige sundhed. Hvor den degenererer, qua dette at være menneske, degenererer staten også:

> *Kære Glaukon. Nu glemmer du også, at en lov ikke skal forsøge at sikre særlige fordele til en bestemt gruppe i byen. En lov skal være til gavn for byen som helhed. Den skal skabe harmoni mellem borgere gennem overtalelse og tvang og få hver gruppe til at bidrage med det de kan til fællesskabet. Når loven skaber den slags mennesker i byen, er det ikke for at alle skal kunne gå den vej de vil, men for at bruge borgerne til sit eget formål – at binde byen sammen. (Staten, 519e-520a)*

Citatet bekræfter udsagnet, at staten *har* dens indbyggere, ikke omvendt. Endda i en sådan grad, at den former indbyggerne efter sit eget formål. Mere totalitært kan det næppe blive.

Sovjetisk etik

Selvom Lenin forkastede Platon, og fjernede ham fra de russiske biblioteker, praktiserede han ikke desto mindre mange af Platons ideer. Bent Jensen skriver således om kulturkampen i forsøget på at etablere det socialistiske Paradis i kølvandet på den russiske revolution i 1917:

*"At tale sandt er en småborgerlig fordom. At lyve retfær-
diggøres derimod ofte af målet", lærte Lenin. Ifølge en af
de ledende bolsjevikiske ideologer, Jevgenji Preobrazjen-
skij, skulle det sejrrige russiske proletariat ikke på nogen
måde lade sig begrænse af moralske forskrifter i dets op-
gør med den gamle udbytterklasse. Individet – dvs. den
enkelte arbejder – skulle derimod underkaste sig kollekti-
vets vilje og beslutninger for på den måde at blive redskab
for proletariatet. Begrebet 'samvittighed' blev også forka-
stet og erstattet med social kontrol. Nikolaj Bukharin
gjorde ligeledes gældende, at etik var klassebestemt. Un-
der proletariatets diktatur, hvor det gjaldt opbygningen
af kommunismen som det endelige mål, var 'etik' de reg-
ler for adfærd, som var nødvendiggjort for at opbygge
kommunismen.*

Begrundelsen for vogterklassens magt er 'naturlig': Den
første degeneration i vogterklassen, der startede den
oprindelige og fuldkomne bystats forfald, skyldes
manglende forståelse for racehygiejne, jf. ovenstående
om legeringskunst. Således blev vogternes klasse foru-
renet med de lavere klassers blod og begyndte at dege-
nerere – og den menneskelige degeneration skabte den
statslige degeneration.

Samfundsdynamikkerne bliver derved baseret på bi-
ologi – og derfor ufravigelige og historicistiske.

RETFÆRDIGHED. Platons politiske mål baseret på
hans historicisme, mener Popper, kan udtrykkes i to
simple krav:

1. Stands al politisk forandring. Forandring skaber
   kaos. At standse forandring muliggør en stat, der er
   en kopi af originalen – af Guldaldersamfundet.

2. Tilbage til naturen. Den oprindelige stat kan kun genskabes, hvis vi lever i overensstemmelse med vores natur. Det vil sige en situation, hvor der er lighed mellem naturlove og normative love, og hvor de få vise styrer over de mange uvidende.

De politiske målsætninger skal ses i sammenhæng med de sociologiske doktriner:

A. Kasteopdelingen mellem ledere, vogtere og menneskekvæget.
B. Identifikationen af statens skæbne med vogternes skæbne.
C. Vogternes magt- og uddannelsesmonopol, samt deres forbud mod at tjene penge.
D. Censur for at forhindre nye ideer om forandring.
E. Den selvtilstrækkelige stat, der skal forhindre vogternes korruption.

Fortalere for Platons ideer hæfter sig ved hans fokus på borgernes lykke og dyd, og ser hans statsteori som et middel til at opnå dette – og aldrig som den totalitære stat, Popper genkender i hans spekulationer.

Modsat Platon beskriver Popper 'retfærdighed' i nogle generelle, liberalt-humanitære punkter, der svarer nogenlunde til den gængse opfattelse af begrebet:

1. En lige fordeling af borgernes byrder, det vil sige af de begrænsninger af friheden, der er nødvendige i et samfund.
2. Lighed for loven, forudsat…
3. …loven er lige for alle.

4. Domstolenes upartiskhed.
5. En lige fordel af medlemskab af staten.

Det stabile og fuld-komne samfund	Det ustabile og for-dærvede samfund
Det universelle	Det enestående
Den ene	De mange
Rationel viden baseret på tænkning	Mening baseret på erfa-ring
Den Sande virkelighed	De mange fremtrædel-sesformer
Det, der frembringer	Det, det frembringes og forfalder
Det gode, der bevarer	Det onde, der fordærver
Kollektivet	Individet

Skema 3. Platons metafysiske dualisme. Illustrerer modsætnin-gen mellem visionen om det ideelle samfund og den forhadte, fak-tiske tilstand i datidens Athen.

Hvis Platon med 'retfærdighed' havde tænkt i samme baner som Popper, ville påstanden om hans totalitære tendenser være forkerte, slet og ret. Så hvad mente Platon, når han talte om retfærdighed? Platon sætter lighedstegn mellem den retfærdige by og det retfærdige menneske:

> — *I det hele taget er de to størrelser* [by og menneske] *ens, hvad angår deres egenskaber.*
> — *Ja, nødvendigvis.*

> *– Men hvis det er rigtigt, Glaukon, så hævder vi vel også, at den retfærdige mand er retfærdig på samme måde, som byen var retfærdig?*
> *– Ja, det kommer vi ikke uden om.*
> *– Nu har vi vel ikke glemt, at byen var retfærdig, fordi alle tre grupper i den varetog deres egne opgaver?*
> *– Nej, det tror jeg ikke vi har glemt.*
> *– Vi må heller ikke glemme, at hver enkelt af os vil være retfærdig og varetage sin egen opgave, hvis alle tre dele i ham varetager deres egne opgaver. (Staten 441d-e)*

Og videre:

> *Når enhver passer sit eget arbejde – så er der i en eller anden forstand tale om retfærdig… Disse tre gruppers indblanding i hinandens arbejde og indbyrdes forvandling er altså det, der skader byen allermest og med fuld ret kaldes den største forbrydelse mod den. (Staten 433b og 434b-c)*

På samme måde som alle dele i en menneskekrop må arbejde sammen, ikke kan skifte plads og har hjernen (bevidst og ubevidst) som den styrende instans, således også i bystaten: *Staten er retfærdig, hvis hver især udfører sit arbejde under vogternes ledelse.* Dette er kollektivets retfærdighed, det er konstruktivistisk *new speak*, hvor ordet skaber det, det siger – og altså gør uretfærdighed til retfærdighed og omvendt. Skema 4 kan måske illustrere forskellen på Platons og Poppers opfattelse af retfærdigheden.

Lighed for loven, skal det lige bemærkes, er ikke Poppers idé. Den blev i Antikken formuleret af Perikles kort før Platons fødsel, jf. citatet fra *Gravtalen* ovenfor.

Platons totalitarisme	Poppers liberale humanisme
Naturlige privilegier	Lighed
Kollektivisme	Individualisme
Borgerens beskyttelse af statens stabilitet	Statens beskyttelse af borgernes frihed

Skema 4. Platons og Poppers opfattelse af retfærdigheden.

Det er ret præcist alt det Perikles fremhæver som et gode ved den Athenske styreform og det Athenske samfund, Platon opponerer imod: flertalsstyre, lighed for loven, besættelse af embeder baseret på kompetencer, ytringsfrihed og privatlivets fred. Platon har bare ikke argumenterne til at gå imod Perikles direkte. Men det har han indirekte. For nogle af Perikles' støtter anvendte argumentet om menneskets 'naturlige' eller biologiske lighed. Som vi har set ovenfor, holder dette argument ikke, for det er at gå fra kendsgerninger til normative udsagn, fra 'er' til 'bør'. Den svaghed benyttede Platon. Det 'naturlige' kan bøjes som det passer sig – og i Platons pen blev biologisk overlegenhed til normativ overlegenhed i doktrinen om at lige behandling af ulige må afføde ulighed.

Lighed og ulighed hænger sammen med forståelsen af individualisme og kollektivisme. Platon forstår termerne på en særlig måde, med en virkningshistorie der rækker helt frem til vore dage. Et enkelt skema illustrerer dette:

Individualisme	$\neq$	Kollektivisme
=		=
Egoisme	$\neq$	Altruisme

Skema 5. Platon forstår individualisme som en modsætning til kollektivisme og sætter lighedstegn mellem individualisme og egoisme. Tilsvarende sætter han lighedstegn mellem kollektivisme og altruisme.

Platons krav om kollektivisme – og dens iboende totalitære træk – genfindes blandt andet i *Lovene*, jf. citatet ovenfor om tilblivelse for altets skyld. Citatet er en grundpræmis for overhovedet at få statstanken, med dens ekstreme hierarki, dens fødselskontrol og dens absolutte stilstand, til at fungerer. At det ikke kun er et antikt tankeeksperiment, kan man forvisse sig om med henvisning til boksen om den totalitære nazi-stat ovenfor.

På trods af ideens groteske pointe, havde den for Platon – og for moderne brugere af den – en umiddelbar og historicistisk appel: Den taler til ønsket om at tilhøre en gruppe eller et stammefællesskab, inklusive stammesamfundets moralske appel om altruisme.

Ovenstående skema er bare ikke fyldestgørende! Selvfølgelig er der de nævnte modsætninger mellem individualisme og kollektivisme og mellem egoisme og altruisme. Men forbindelserne mellem de to begrebspar er ikke gensidigt udelukkende; man kan både i teori og praksis krydsforbinde begreberne. Så får man et skema, der ser således ud:

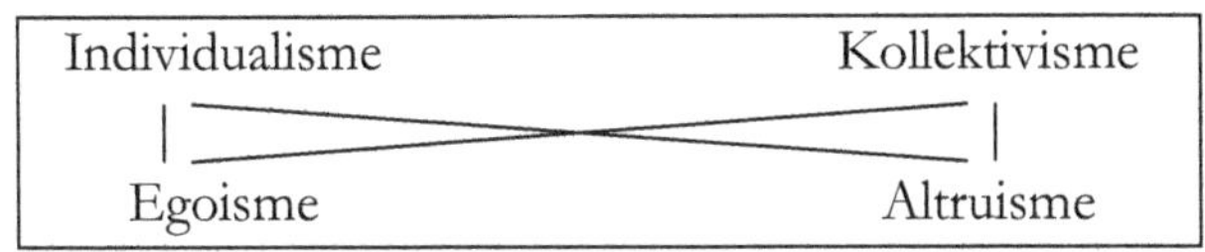

Skema 6. Poppers modifikation af Platon skema. Stregerne viser de fire begrebers mulige kombinationspar.

Poppers modificerede skema har jeg tidligere (Ydegaard 2013) lavet om til en traditionel fire-felts model kaldet *Poppers Matrix*, hvilket, synes jeg, giver nogle fortolkningsmæssige fordele.

De to felter Platon arbejder med er det individualistisk-egoistiske og det kollektivt-altruistiske. Popper tilføjer så et individualistisk-altruistisk og et kollektivt-egoistisk felt.

Modellen kan for eksempel bruges til angivelse af politiske positioner. I det individ-egoistiske felt, som Platon afskyede, finder vi liberalismen, hvor den enkelte er sin egen lykkes smed og styres af en indre drift mod magt og rigdom – eller hvad det nu kan være – mens socialismen, som det indbydende fællesskab, genfindes i det kollektivt-altruistiske felt. Og som i den virkelige verden har de to holdninger ingen fælles berøringsflade; de er hinandens modsætninger. Tilsvarende finder vi i det kollektivt-egoistiske felt de nationalistiske holdninger, hvor kollektivismen er inddragende med hensyn til egen gruppe eller stamme, men samtidig egoistisk afvisende overfor 'de andre'. Til det individualistisk-altruistiske felt hører så den social-konservative idé, hvor individet nok er grundelementet, men det er et individ, der også kan være der for andre. Felterne har to-og-to enten en side, og dermed et holdningsaspekt, fælles, eller også står de som direkte modsætninger. På den måde kommer modellen tættere på en virkelighedsnær beskrivelse af det politiske spektrum end den traditionelle højre-venstre akse.

	Individualisme	**Kollektivisme**
Egoisme	Liberalisme	Nationalisme
Altruisme	Konservatisme	Socialisme

Skema 7. Poppers Matrix, jf. Ydegaard 2013.

Poppers Matrix kan udbygges med en 'demokratisk cirkel', der danner grænsen mellem den legitime og demokratiske politiske uenighed inde i cirklen, og den ekstreme holdning uden for cirklen, der ikke er villig til dialog og demokratiske afgørelser.

Med den demokratiske cirkel kan vi i det socialistiske felt skelne mellem på den ene side Socialdemokratiet, SF og Enhedslisten inde i cirklen og Kinas Kommunistparti uden for cirklen. I det nationalpolitiske felt kan vi skelne mellem Dansk Folkeparti inde i cirklen og Donald Trumps voldelige hooligans uden for cirklen. I det social-konservative felt finder vi De Konservative inde i cirklen og Jesus, der med sin egen død – en i den forbindelse ekstrem personlig, altruistisk handling – tilbyder den religiøse frelse til alle, udenfor cirklen. I det

liberalistiske felt finder vi Venstre inde i cirklen og rø-
verne på korsene ved siden af Jesus uden for cirklen –
i øvrigt sammen med Trump, hvis forretningsimperium
ser ud til at bygge på kriminelle metoder.

	Individua- lisme	Kollektivisme
Egoisme		
Altruisme		

*Skema 8. Poppers Matrix med den 'demokratiske cirkel' ind-
tegnet.*

Set i det perspektiv kan Platons ideer om Idealstaten
kaldes ultra-kommunistiske begrundet netop i deres
placering i det kollektivt-altruistiske felt hinsides den
demokratiske cirkel.

IDEALSTATENS STYREFORM. Platons uvilje mod
individualisme bunder i denne idés basis som en huma-
nitær tilgang til samfundslivet. Idealstaten var jo alt an-
det end humanitær. *Individets frigørelse var virkelig den store
åndelige revolution, der havde ført til stammelivets sammenbrud,
og til demokratiets fremkomst* (Popper 2002I:120). Det var

det, Perikles beskrev i sin *Gravtale*, og det var det Platon
så som vejen til forfald og kaos.

Ikke nok med at det individ-altruistiske er der, hvor
der findes de mindste eller færreste demokratiske ud-
fordringer. Det er også feltet for den etiske grundidé,
blandt andet udtrykt i den kristne doktrin "elsk din næ-
ste" og i Kants praktiske doktrin:

> *Handl således, at menneskeheden i din egen person såvel som
> i enhver anden person aldrig kun behandles som middel, men
> altid tillige som mål.*

At Platon står for det diametralt modsatte synspunkt,
og derfor meget ærligt viser sig som enkeltindividets
ypperste fjende, viser følgende citat fra *Lovene*:

> *Man siger jo, at mellem venner er alting i virkeligheden fælles.
> Om dette nu er tilfældet eller vil blive det – at kvinder er
> fælles, børn er fælles, al ejendom er fælles – og alt det, der
> kaldes privat, med ethvert middel er blevet fjernet fra livet alle
> steder fra [...] så vil ingen nogensinde fastlægge en mere kor-
> rekt og bedre definition for disse loves overordentlige store for-
> trin.* (739c-d)

Borgerne i den platoniske Idealstat kan ikke tilkendes
ret og evne til selv at styre egne sager. Tværtimod skal
de underlægges en militær disciplinering, der vil gøre
Athen til en kopi af Sparta:

> *Det vigtigste i den forbindelse er, at intet menneske, hverken
> mand eller kvinde, nogensinde er uden en overordnet, og at
> ingen menneskesjæl vænner sig til at tage et personligt initiativ
> eller handle selvstændigt.* (Lovene 942a)

Én ting er det skræmmende i Platons forestilling om en Idealstat. De idéer er trods alt 2.400 år gamle, og i den grad Antikke. Noget andet er, når moderne politiske bevægelser og konspirationsteorier 'køber' historicismen – hvilke andre uudtalte holdninger følger med, også når disse bevægelser og teorier tilsyneladende placerer sig uden for den demokratiske cirkel i Poppers Matrix? Især når det gælder højrefløjspopulister i både Europa og Nordamerika, hvis tilhængere igen og igen fremhæver 'frihed' som deres mål, er spørgsmålet, om de er klar over, at de læner sig op ad én af de mest ufrie ideologier, der i indhold langt overgår selv Marx' (der for dem er 'Dyret i Åbenbaringen') vådeste drømme om det klasseløse samfund?

Da Popper skrev *Det åbne samfund…* under Anden Verdenskrig, var hans hovedfjende de fascistiske og kommunistiske ideologier, der slog på anti-individualisme som det samme som uselviskhed. De ideologier har efterfølgende gjort det vanskeligt for os at se, at holdninger, der tager udgangspunkt i individet kan være både humane og etisk funderede. I dag, hvor modstanden mod demokratiet især blomstrer i Popper-matricens kollektivistiske felter, bliver udfordringen at påvise de individ-baserede felter, indenfor den demokratiske cirkel som eneste reelle afsæt for kampen *for* demokratiet.

Hvor fortalerne for det åbne samfund ser debatter, også om moralske spørgsmål om individets rettigheder, som en forudsætning for samfundets vitalitet, så Platon det anderledes: Retfærdighed handlede om samfundet, aldrig om individet. Vi genkender holdningen i fortællingen om Job, hvor den gammeltestamentlige Gud med magtens grovfil får Job til at opgive sit spørgsmål om personlig retfærdighed – han får den ikke! (Ydegaard 2020:37) Og vi genkender Platon i Putins Rusland, hvor krav om retfærdighed bliver mødt med fængsel, nedskydning og giftmord. Putin personificerer det nutidige Rusland, så hvad der er godt for ham, er godt for Rusland – og omvendt. Det giver ikke så megen plads til kritiske spørgsmål! På den måde er Putin, Kinas Xi Jinping og andre ledere af totalitære stater ikke uden moral – de *har det lukkede samfunds, gruppens, stammens moral; denne er ikke individuel selviskhed, men kollektiv selviskhed.* (Popper 2002:127) Omvendt med Trump – han har kun sig selv i fokus, også selvom han formår at sælge et andet narrativ. Derfor hører han hjemme i det individuelt-egoistiske, uden for den demokratiske cirkel og sammen med de to røvere fra korsene ved siden af Jesus.

FILOSOFKONGEN. I *Lovene* (690) skitserer Platon en argumentationskæde, der lyder nogenlunde således: 1) Forældrene skal styre deres børn. 2) Mennesker af høj byrd skal styre mennesker af lav byrd. 3) Ældre skal styre yngre. 4) Herrerne skal styre slaverne. 5) Den stærkere skal styre den svagere. 6) Den indsigtsfulde skal både styre og lede den ukyndige. Dermed er også givet svaret på det påtrængende spørgsmål vedrørende Idealstaten: *Hvem skal styre?* – det skal det bedste, det mest indsigtsfulde menneske, dvs. filosofkongen. Idealstaten kan kun fungere efter hensigten, hvis den ledes af en ufejlbarlig og ukorrumperet leder. Når (hvis) en sådan leder kan findes, vil vedkommende stå over alle andre i indsigt og fuldkommenhed. Der kan derfor aldrig blive tale om demokratiske valg til magtens embeder, om kontrol af magten, om *checks and balances* eller om at stå til ansvar overfor nogen. Det vil være *det suveræne herredømme*.

Mange eneherskere – uanset om magten er givet dem ved arvefølge eller de mere eller mindre brutalt har grebet den – har forsøgt sig med 'det suveræne herredømme'. Ingen er det lykkedes for. For ingen er ufejlbarlig. Alle har brug for råd og vejledning – og også korrigerende rådgivning – fra andre mennesker, dvs. fra personer herskeren i udgangspunktet må anse for mindre vidende end vedkommende selv. Det er kernen i det suveræne herredømmes umulighed.

A very stable genius

Næste som en parodi på (eller en tragedie over) Platons idéer om 'den suveræne hersker' står Donald Trump som selvudnævnt *very stable genius*, hvad det så end måtte betyde. Den selvforståelse betød, at han gjorde det modsatte af det lovede: Under valgkampen lovede han at omgive sig med de allerdygtigste medarbejdere og rådgivere. I realiteten ansatte han ja-sigere og rygklappere, der ikke turde sige ham imod, og han skiftede dem ud, hver gang han således selvforskyldt kom i problemer.

Platon er klar over problemet. Hans løsning var nogle meget strikse krav til statens leder, for kun hvis det kan undgås at lederen indleder et forfald – i sin menneskelighed søger magten for magtens skyld eller for personlig vindings skyld – kan Idealstaten opretholdes. Hele ansvaret lægges altså på dette ene menneskes skuldre med et påbud om at holde sig på dydens meget smalle sti. Tankegangen står i skærende kontrast til det praktisk fungerende demokrati, der institutionaliserer prøv-og-fejl metoden, valghandlinger der kan afsætte en leder samt den fredelige overdragelse af magten.

Kollektiv nytte er således filosofkongens grundprincip og ledelsesmæssige *guideline*. Derfor tilkommer det også Føreren retten til at lyve for det fælles bedstes skyld:

> *Så hvis det tilkommer nogen at fortælle usandheder, må det være byens ledere, der kan gøre det af hensyn til byens bedste, enten på grund af fjender eller borgere. Ingen anden skal have noget med den slags at gøre. (Staten 389b)*

Dén ret genkender vi også i dagens tyranner og deres brug af propaganda og begrænsning af ytringsfrihed og sandhed – tænk blot på Putin, Kim Jong Un og Xi Jinping, og Trump som tyran *in spe*.

Lederens løgne er, siger Platon, 'ædle løgne'. Den 'ædle løgn' skal 'overtale' borgerne. At 'overbevise', er en handling mellem to ligeværdige subjekter, der i dialog udforsker forskellige argumenter – det der typisk foregår i en demokratisk dialog. At 'overtale' er manipulation, hvilket gør den modtagende part til objekt for afsenderen (Dale 1998:74 med henvisning til Hans Skjervheim). Og det er jo sådan Platon ser det, når han kalder folket for menneskekvæg!

Platons filosofkonge – den ypperste blandt lige-
mænd – er ikke den ydmyge og hengivne søger af sand-
hed, som man kunne forvente. Han er tværtimod vis-
dommens stolte og ranke besidder. Han er nødvendig
som byens leder, udset til strengt at udmønte sin vis-
dom i alle dens praktiske former. Dels skal han grund-
lægge byen og give den dens grundlov, dels skal han
styre det racemæssige avls- og opdrætsarbejde med
menneskekvæget samt uddannelsen af kommende le-
dere. Kun filosoffer med indsigt i altings essens har den
fornødne viden og kompetence til at udfylde lederer-
hvervet. Det er begrundelsen for filosofkonger fremfor
andre ledertyper eller ledelsessystemer.

Som 'malere af samfund' (*Staten* 501c) fordres der af
filosofkongen indsigt i 'det godes idé', dvs. i alt det der
bevarer, der garanterer uforanderligheden – det stiv-
nede samfund. Uden ledere med en suveræn filosofisk
skoling vil selv den mest perfekte stat degenerere, ikke
bare politisk men også racemæssigt. Derfor er avlsar-
bejdet så vigtigt, for racerne – dvs. klasserne – må ikke
blandes. Ved at rendyrke de bedste mennesker, får man
det uforanderlige supermenneske – 'herrefolket' kaldte
Hitler det!

Når uddannelsesinstitutioner fordrer filosoffer som
ledere, er det fordi kun de kan videregive de mytiske
evner og indsigter, der gør de studerende anderledes
end andre mennesker – gør dem til ubestridte ledere.
Vi genfinder endnu i dag tankegangen i begrebet *embeds-
eksamen*, altså en uddannelse der giver adgang til stillin-
ger, 'almindelige' mennesker ikke få. Derved etableres

en barriere mellem de herskende og de beherskede. De sidste årtiers tale om 'realkompetencer' søger til en vis grad at modgå dette princip.

Fordringen om en filosofkonge er på alle måder udemokratisk og filosofkongen skal da heller ikke tilbyde sig ved et valg – for hans position er ikke et spørgsmål om valgflæsk, afgivne stemmer eller *likes* på Facebook:

> *Sandheden er jo, at man må banke på hos lægerne, hvis man er syg, uanset om man er rig eller fattig, og at enhver der har behov for at lade sig lede, må banke på hos den, der er i stand til at lede ham. Hvis en leder virkelig skal være til nogen gavn, skal han ikke bede dem der bliver ledet, om at lade sig lede. (Staten 489c)*

Popper skriver om filosofkongen, og dermed også om Platon, næsten som en Jesus-skikkelse (bortset fra at filosofkongen har kollektivet som mål og ikke individet):

> *Den der har haft omgang med det guddommelige, kan stige ned fra højderne til de dødelige nedenfor og ofre sig for statens interessers skyld. Han er ikke ivrig; men som en hersker og frelser er han rede til at komme. De stakkels dødelige behøver ham. Uden ham må staten gå til grunde, for alene han kender hemmeligheden, om hvordan man kan bevare den – hemmeligheden om at standse degenerationen...*

Imod Platons filosofkonge kan der peges på to moderne tankesæt:

(1) Amerikanske John Rawls har arbejdet med en retfærdighedsmodel for 'det gode samfund'. Det er ikke

en model, der beskriver en samfundsopbygning og dens nødvendige processer. Tværtimod beder den andre om at beskrive det, de vil karakterisere som et retfærdigt og godt samfund at leve i – med den tvist, at de efterfølgende (og først da!) ved lodtrækning får tildelt en rolle i det skitserede samfund. De kan blive alt fra gadefejer til bestyrelsesformand for de største virksomheder. Det er den diametrale modsætning til Platons metode, hvor han jo sætter sig selv som leder og indretter et samfund efter egne behov. Samfundsskitserne i Rawls forsøg tenderer i øvrigt mod den skandinaviske velfærdsmodel!

(2) Man øjner en vis lighed mellem på den ene side Platons fordring til filosofkongen om at være en suveræn filosof og på den anden side videnskabsteoretikeren Thomas Kuhns fordring til den enkelte videnskabsmand om redelighed og objektivitet – som modsætning til henholdsvis demokratiets og videnskabens prøv-og-fejl metode og den fælles fejleliminering af hypoteser. Ingen, heller ikke Platon, vil realistisk set kunne leve op til fordringen om redelighed og objektivitet, enten det så er begrundet i den almenmenneskelige svaghed eller i en degeneration fra den gudeskabte essens af et menneske. Kun gennem en fælles anstrengelse kan fejlslutninger og uholdbare hypoteser korrigeres, sådan som moderne videnskab, gennem gensidig kritik, fungerer. Ingen filosofkonge vil kunne magte den opgave!

På samme måde som med Putin og alle andre despoter er Platons filosofkonge bare et lille menneske, der blændes af sit eget intellekt og sin egen magt, fortræffelighed og visdom. Han formår ikke at lede med fornuft og sandhed, men udelukkende gennem løgne og propaganda!

Når Platons tanker her beskrives som en drejebog for etablering og drift af den totalitære stat med en despot i spidsen, skyldes det kvaliteten af hans værker og ideer. Han giver os 1) et filosofisk fundament, essentialismen, at bygge på, 2) en psykologisk baseret menneskeforståelse i og med teorien om forfald og degeneration. På det bagtæppe udvikler han 3) tankerne om Idealstaten, der skal kunne modstå forfaldet fra den samfundsmæssige Guldalder. Det leder ham til en totalitær stat, hvor alt menneskeligt, inklusive kærligheden, med nødvendighed må ophøre med at eksistere og hvor mennesket trælbindes til fordel for statens ve og vel – dens komplette stilstand.

Moskva som det tredje Rom
Dybt indlejret i Putins forestillingsverden er myten om Moskva som det tredje Rom. Rom og Konstantinopel fik aldrig gennemført den verdensomspændende, kristne stat. Forfaldet og det moralske fordærv forhindrede begge steder det guddommelige formål. Det er derfor Moskvas skæbne og forpligtelse at udvikle sig til det tredje og endelige 'Rom' og med den ortodokse kirke genoprette moral og gudfrygtighed verden over. Putin ser sig selv som den, der skal lede Moskva til dette mål. Derfor strækker hans krigsplaner sig på sigt langt ud over Ukraine og andre landområder beboet af russisktalende mindretal – de er verdensomspændende!

DE TRE LØSNINGSMODELLER

De fleste vil kunne blive enige om, at vi også i dag står overfor samfundsmæssige problemer, jf. Figur 1. Problemer og udfordringer kan være forskellige fra sted til sted, fra land til land og fra tiår til tiår. Men alle mennesker har til alle tider stået overfor udfordringer, der skulle håndteres. Spørgsmålet er, hvordan udfordringerne håndteres – hvilken metodisk tilgang man vælger. Umiddelbart øjnes der tre mulige strategier, der i mødet med de samfundsmæssige udfordringer forholder sig enten positivt eller negativt til Platons stammesamfundsteori:

HISTORICISME. Den mest rendyrkede historicisme løser det problem, at vi i Figur 1 altid befinder os i lavpunktet – i 'det negative', i 'den øjeblikkelige elendighed' – ved at lade skæbnen råde. Der er ikke så meget vi kan gøre. Ting sker af sig selv, om vi vil det eller ej. Pendulet svinger mellem yderpunkter og skaber en gentagen bølgebevægelse. Dén, altså skæbnen eller samfundets iboende dynamikker eller noget helt tredje, vil gøre en ende på elendigheden og føre landet og folket til 'det positive', til det nazistiske tusindårsrige, det kommunistiske klasseløse samfund eller 'det tredje Rom'.

Den modne Karl Marx er én af de fremmeste forta-
lere for denne position (se citatet side 22). Marx siger
retfærdigvis ikke noget om, hvornår det kapitalistiske
system, med klassemodsætningernes elendighed og den
historiske materialisme som dets iboende drivkraft, slår
over i næste fase – socialismen og sidenhen kommunis-
men. Men det er da ikke sket endnu!

UTOPISK RATIONALISME. Den utopisk rationa-
lisme taler om at gennemskue de sammenhænge og
processer i et samfund, der leder til elendighed – og så
i en revolutionær proces gøre op med det gamle og er-
statte det med noget nyt og påstået bedre. Men hvis der
er noget skæbnebestemt i denne verden, så er det, at
revolutioner 'æder sine egne' og uvægerligt ender i au-
tokratiet. Den franske revolution er det mest klassiske
eksempel på dette, mens den amerikanske er undtagel-
sen, der bekræfter den generelle regel.

Også som utopisk rationalisme kan Marx bruges
som illustration. Den unge Marx formulerede det såle-
des i *Feuerbachteserne* fra 1845:

> *Filosofferne har kun fortolket verden forskelligt, men hvad
> det kommer an på, er at forandre den.* (www.marxisme.
> dk)

Så hvor den modne Marx overlod det til de iboende
kræfter at handle, forandre og udvikle, stod den tidlige
Marx for ungdommelig handlekraft og gå-på mod!

Platons drømme om Idealstaten og dens indretning falder i denne kategori. Drømmen fordrer den indsigtsfulde planlægger og opretholder af staten – filosofkongen, der handler på landets vegne. Det er ikke nogen let opgave:

De tager en by og karaktererne hos dens befolkning og lader det være deres trætavle. De visker først tavlen ren, hvilket slet ikke er så let. (Staten 501a)

Én måde 'at viske tavlen ren' på – dvs. at gennemføre en revolution – forklarer Platon således:

Lad dem sende alle i byen over ti år ud på landet. Så kan de [filosofferne] tage sig af børnene uden påvirkning fra samtidens traditioner og vaner, som jo også deles af forældrene, og i stedet opdrage dem efter deres egne normer og værdier, der er som vi har beskrevet. (Staten 540-541)

Platons drøm er blevet grundmodellen for alle revolutioner og utopiske løsningsmodeller og diktatorer, lige fra Lenin og Hitler til Kim Jong Un. Især Pol Pots rædselsregimente i Cambodia er som taget direkte ud af Platons anbefalinger! Den rengjorte tavle, som det nye samfund males på, genkendes også i Putins udrensninger af indre modstandere under krigen mod Ukraine.

Når det gælder Rusland, siger et kendt russisk ordsprog, at 'Ruslands fortid er uforudsigelig'. Fortællingen om landets fortid ændrer sig hele tiden, så den tilpasses den aktuelt herskende elites behov – det er også en måde at viske tavlen ren på. I krigssituationer, og i optakten til dem, er dette særlig udtalt. I den historicistiske grundmodel betyder det, at buestykket fra 'fortid' til 'nutid' – forfaldet eller syndefaldet – altid omskrives efter forgodtbefindende. Præcis som når Putin strikker historiske brudstykker sammen til et baggrundstæppe for ideen om et nyt Stor-Rusland med ham selv som en ny Peter den Store.

At det overhovedet kan lykkes despoter at pacificere en befolkning, så den ikke gør oprør og smider ham på porten, kan illustreres med et hundeforsøg gennemført af den sovjetrussiske psykolog Pavlov: En hund får elektroder fastspændt på alle fire poter. Der sættes strøm til den ene pote og hunden reagerer voldsomt på smerten. Så sættes der strøm til den anden pote, med samme resultat. Det gentager sig med den tredje pote. Men ved den fjerde pote opgiver hunden og lægger sig ned og reagerer ikke på smerten. Mennesker reagerer ofte på samme vis ved vedholdende smerte og undertrykkelse. Derfor gør befolkningen ikke oprør imod despoter som Putin.

Også i vores egen verden har vi en snert, eller mere end det, af den utopiske rationalisme. Allerede i Guds åbenbaring for Moses ser vi tanken udfolde sig:

Jeg har set mit folks lidelse i Egypten, og jeg har hørt deres klageskrig over slavefogederne. Jeg har lagt mig deres lidelser på sinde, og derfor er jeg kommet ned for at redde dem fra egypterne og føre dem op fra dette land til et godt og vidtstrakt land, et land, der flyder med mælk og honning. (Anden Mosebog 3:7-8)

Citatet er sandsynligvis verdens første virksomhedsvision (Poulsen 55ff), og samtidig er den eksemplarisk kort, enkel og præcis i sin formulering: Hvor er vi? Hvad gør vi? Hvor skal vi hen?

Lidelsen i Egypten er den nuværende situation – 'den øjeblikkelige elendighed'.

Føre dem fra dette land er at vise til det historicistiske buestykke fra 'det negative' og op til 'det positive'. Det er virksomhedens eller samfundets formål; den revolutionære vej, bruddet med alt det kendte og en kurs lagt mod det nye – der ganske vist indebar 40 års ørkenvandring inden målet blev nået.

Et land, der flyder med mælk og honning er billedet på virksomhedens/samfundets mål.

Popper opsummerer den utopiske rationalisme med en henvisning til både 1800-tallets Romantik og til mange af nutidens utopiske bevægelser:

> *Denne irrationelle holdning, der udspringer af en beruselse i drømme om en skøn verden, er det, jeg kalder romantik. Det kan være den søger sin himmelske by i fortiden eller i fremtiden; det kan være den prædiker "tilbage til naturen" eller "frem til en kærlighedens og skønhedens verden"; men den appellerer altid mere til vore følelser end til vor fornuft. Selv med de bedste intentioner om at skabe himmel på jord, så lykkes det den kun at skabe et helvede – det helvede, som mennesket alene skaber for sine medmennesker.* (Popper 2002I:189)

Den utopiske rationalisme kaldes med et moderne udtryk for 'målstyring'. Principppet indebærer at vælge og beskrive et endemål og vejen dertil – og så gå den vej. Dvs. en tankegang, der definerer det størst mulige gode for samfundet, det gode og lykkelige liv for mennesket eller elevens krævede læring efter ni års skolegang. Tankegangen er videreført og aktualiseret i konkurrencestatens evige krav om målstyring.

Konkurrencestaten

Der ligger historicistiske undertoner i et begreb som tidligere finansminister Bjarne Corydons 'nødvendighedens politik' og hele tankegangen bag det, der kaldes konkurrencestaten. Om opblomstringen af konkurrencestaten og dens nedbrydning af altruismen til fordel for individ-egoismen med fokus på effektivitet kan berettes:

Andreas Baumann (Baumann 2018) fremhæver i et interview med Kaj Ove Pedersen og Klaus Klausen djøf'erne og New Public Management som Danmarks redning (Karl Popper benytter i den engelske udgave af *Det åbne Samfund...* begrebet 'managerialism' om det totalitære endemål for glidningen væk fra det demokratiske samfund. Beskrivelsen af konkurrencestaten flugter ganske godt hermed). Som gode embedsmænd i den danske forvaltningstradition har djøf'erne uden tvivl været med til at gøre landet til ét af de bedste at leve og drive virksomhed i og til ét af de mest veldrevne og mindst korrupte i verden – også selvom vi har tabt konkurrenceevne de sidste par ti-år og er blevet overhalet med hensyn til kompetenceniveau, middellevetid og velstand (Pedersen 2014). Men Baumanns fokus er for ensidigt. I hvert fald Kaj Ove Pedersen nuancerer konkurrencestatens fortælling og inddrager de visionære politikere, der gennem mere end et kvart århundrede har drevet landet frem til, hvor det er i dag: Schlüters regeringer lagde grunden til New Public Management og en stærk dansk økonomi. Nyrop/Lykketoft (både Nyrop Rasmussen og Lykketoft var djøf'ere, så det kan være svært at adskille de politiske djøf'ere fra de bureaukratiske djøf'ere) intensiverede den offentlige økonomistyring, gennemførte omfattende privatiseringer af offentlige virksomheder og flyttede fagbevægelsens interesser fra klasse til det offentlige fællesskab. Foghs 'flexicurity' gjorde arbejdsmarkedet omstillingsparat i en i internationale sammenhænge helt uhørt grad. Det er i høj grad disse tiltag, der har skabt konkurrencestaten, som djøf'erne så har forvaltet så eksemplarisk. Udviklingen af konkurrencestaten skete på baggrund af velfærdsstatens finansielle krise i 1970-erne, globaliseringen efter Murens fald i 1989 og indfasningen af ØMU'en og Stabilitets- og Vækstpagten i 1990-erne.

Det blev set som en 'nødvendighedens politik' – og altså ikke som et politisk valg blandt alternativer, men som noget udefra kommende – i stadig højere grad *at styre og kontrollere de offentligt ansatte og den enkelte borger* i retning af 'beskæftigelsesdygtighed'. Styringen af de offentligt ansatte blev gennemført i en kombination *af central økonomistyring, decentral prioritering og lokal implementering.* Den politiske styring voksede og driftsledelse fremfor indholdsledelse af lokale institutioner kom i centrum. Styringen af borgeren sker nu gennem motivation til læring og incitamenter til livslang kompetenceudvikling med henblik på øget jobmobilitet, geografisk mobilitet, funktionsmobilitet og transitionsmobilitet (dvs. gentagne skift mellem arbejde og efteruddannelse).

Uanset hvor 'nødvendig' konkurrencestatens udvikling har været – at vinde 'den ganske jord' – er den ikke kommet uden tab – en 'kløvet tinding' (jf. Henrik Ibsens *Peer Gynt*: ... *hvis du vant den ganske jord, | men selv deg tapte, | var din vinning | kun krans om kløvet tinning* (med reference til Markus-evangeliet 8:36)). Disse tab begynder at gøre sig gældende nu, hvor vi fornemmer resultatet af det nye menneskesyn, det kvalitative tab for brugere af velfærdsydelser og den manglende dannelse. Derfor øger kritikken af konkurrencestaten.

Britiske Joanna Swann, der har arbejdet med pædagogik baseret på Poppers kritiske rationalisme, kritiserer i punktform ideen om målstyring. Bl.a. skriver hun (Swann & Pratt 1999:56):

1. Social udvikling er *open-ended*: Fremtiden er, modsat fortiden, åben. Ingen kan med bare nogen grad af sikkerhed vide, hvad der kommer til at ske.

2. Uforudsete konsekvenser af målbaserede handlinger forbliver ofte ubemærkede.

3. Det giver mening at tage udgangspunkt i nutiden frem for i en ønsket fremtid.

4. Opgaven med at opfylde de angivne mål har en tendens til at få prioritet frem for spørgsmålet hvorfor og i hvilken grad målene overhovedet har værdi.
5. Målbaseret planlægning undertrykker eller marginaliserer udtryk for forskelligheder i værdiopfattelser.
6. Målbaseret planlægning fremmer ofte middelmådigheden.
7. Målbaseret planlægning begrænser kreativitet og mindsker praktikernes følelse af ansvar. Styring og kontrol opnås på bekostning af mangfoldighed og ansvar.
8. Kun den mest trivielle og basale læring kan planlægges i detaljer og forudsiges med bestemthed.

En afledt effekt af den utopiske rationalismes revolutionerende praksis møder vi hos Arendt, i hendes beskrivelse af den franske revolution og begrebet om medlidenhed.

Det sociale menneske, der er resultatet af den franske revolution, er styret af medlidenhed og ønsket om at bekæmpe lidelsen. Medlidenhed, siger Arendt, er grænseløst inddragende og sætter fokus på handling *for* den lidende. I sprogbrugen fra Poppers Matrix drejer det sig om den kollektive altruisme. Holdningen sprogsættes af slagordet *Liberté, Egalité, Fraternité.* Friheden skal forstås som friheden *fra* sult, undertrykkelse og privilegiesamfund, mens lighed og broderskab er udtryk for svaret på, hvordan samfundet bør indrettes – svaret på, på hvad lykken er! Dette er en af grundstenene i de socialistiske bevægelser og den grundlæggende målstyringstankegang, som i dag genkendes i konkurrencestatens idealer.

SKRIDTVIS RATIONALISME. Den skridtvise rationalisme erkender 'den øjeblikkelige elendighed' og søger afhjælpning af de mest presserende problemer gennem prøv-og-fejl metoden. Det bliver ikke bedre end vores fælles evne til at håndtere de aktuelle udfordringer. Det er den demokratiske metode.

Platons idé om det suveræne herredømme (se også omtalen af Rousseaus sociale kontrakt og den suveræne leder ovenfor) er en praktisk umulighed. Den vil altid fejle, uanset hvor mange anstrengelser man måtte gøre sig. I stedet for at spørge 'Hvem skal lede', der uvægerligt giver svaret 'Den bedste' (= Platon!), skriver Popper, at vi skal spørge: *Hvordan kan vi organisere de politiske institutioner, så dårlige eller inkompetente herskere kan forhindres i at gøre for megen skade?* Svaret på dét spørgsmål vil lige så uvægerligt være én eller anden form for demokrati med magtdeling mellem den lovgivende, den udøvende og den dømmende magt, med en fri presse der understøtter princippet om *checks and balances*, og med en civiliseret og ublodig overdragelse af magten fra én person til en anden.

Det var det sidste af disse principper Donald Trump forsøgte at knægte med kupforsøget den 6. januar 2021. Derfor var 'Stormen på Kongressen' også en storm på selve det amerikanske demokrati.

Demokrati og videnskabsteori
Demokratiet som beskrevet ovenfor følger samme grund-
struktur som skabelse af viden på ethvert niveau fra 'amøben
til Einstein', sådan som Popper formulerer det:

$$P1 - TT - EE - P2$$

Et problem, P1 – i den politiske verden f.eks. en uhensigts-
mæssighed i velfærdsstatens fordelingspolitik – foreslås løst
med det politiske tiltag TT (tentative theory: foreløbig teori,
gisning eller hypotese). Politikeren bag forslaget vinder val-
get og gennemfører tiltaget. Det enten virker, virker delvist
eller virker slet ikke. Ved næste valg falder befolkningens
dom, svarende til skemaets EE (error elimination: fejlelimi-
nering eller gendrivelse). Politikeren genvælges (sandsynlig-
vis), hvis tiltaget virkede eller virkede delvist, og han kan
overbevise befolkningen om at han kan fixe dets fejl og mang-
ler. Eller han taber, hvis tiltaget ikke gav det ønskede resul-
tat. Uanset udfaldet af valget, vil der med overvældende
sandsynlighed opstå nye fordelingspolitiske problemstillin-
ger, og så kører processen igen.
　　Den demokratiske proces, der således bygger på *trial-
and-error* fremfor på én mands overlegenhed, betyder, at for-
nuften bliver det styrende princip. Det er ikke demokratiet,
der leverer fornuften, men det er dets institutioner, der mu-
liggør den indbyrdes mellemmenneskelige fornuft. Det er på
samme måde videnskaben fungerer; hypoteser fremsættes,
testes og drøftes, hvorefter de bliver stående som foreløbige
teorier, fejlelimineres eller forkastes. Der er mennesker bag
hvert skridt i processen, men fordi den er institutionaliseret,
er den ikke afhængig af den enkeltes evner til objektivitet el-
ler værdifrihed.

Hvis opgaven for Platon var at vedligeholde et stabilt
styre og en struktur, der forhindrede udvikling og der-
med forandring – hvilket i hans optik nødvendiggjorde
et totalitært ultrakommunistisk styre, hvor selv familie-
livet var opløst – hvad er da Poppers alternativ?

Popper stiller åbne spørgsmål i stedet for at be-
grunde sin samfundsopgave i en ideologisk historicitet.
Det drejer sig om grundlæggende spørgsmål som: Hvad
kræver vi af en stat? Hvad har vi i sinde at betragte som

statsaktivitetens retmæssige mål? Først når den type spørgsmål er besvareret, kan vi begynde at konstruere den stat, der opfylde de listede betingelser (Metoden minder om John Rawls måde at arbejde med idealistiske statsdannelser på).

Det mest basale svar Popper kan give er: Staten skal sikre min og andres sikkerhed. Og den skal sikre min og andres frihed, så længe den individuelle frihed ikke begrænser andres frihed. Det skal ikke være sådan, at den med den største knytnæve kan tiltvinge sig magt. Dette vil begrunde en begrænsning af min frihed – nemlig min frihed til at tromle andre med magt. Vi genkender Poppers argument i den amerikanske uafhængighedserklærings ord om *Life, Liberty, and the pursuit of Happiness. Life* svarer til den fysiske beskyttelse som staten bør yde enhver borger, mens *Liberty, and the pursuit of Happiness* er den handlefrihed hver enkelt bør have til at forme sit eget liv – at søge lykken.

Staten skal med andre ord søge at afbalancere to modsatrettede størrelser: frihed og begrænsning af frihed i den hensigt at opnå mest mulig frihed for alle. Det er demokratiets paradoks. Og som andre paradokser i livet – for eksempel at vi ønsker at opdrage vores børn selvstændighed – så findes der intet facit. Paradokser skal udleves og kontinuerligt justeres, for vi kan aldrig vide med sikkerhed, hvilke konsekvenser en handling eller et tiltag vil få. Derfor bærer én af Poppers bøger den lidet mundrette titel *All life is problem solving.*

Popper går i 1961 videre ad dette spor i en forelæsning om de sociale videnskabers logik (Jf. ovenstående om den 'positivismestriden i tysk sociologi'). Her opstiller han først modstillingen mellem viden og uvidenhed – at vi ved meget og at meget af det vi ved, giver os både praktisk og teoretisk indsigt, samtidig med at vores uvidenhed er afgrundsdyb og grænseløs, hvorfor ideologier og religioner, der påstår at have den fulde indsigt, er løgnagtige. Vi skal altså hele tiden forholde os både til det vi ved, og det vi ikke ved. Ny viden tilvejebringes altid som forsøg på problemløsning, eller rettere som en bevægelse på grænsen mellem viden og uvidenhed forårsaget af en oplevet manglen ved den viden, vi mener at besidde. Ny viden opstår ved at forsøge at 'lukke hullet mellem vores viden og uvidenhed', ved at opstille hypoteser og teste dem op mod virkeligheden. Kun hypoteser, der kan kritiseres og eventuelt tilbagevises kan betegnes som videnskabelige. Vi bliver ved med at fremsætte hypoteser og kritisere dem, indtil vi har et løsningsforslag, der ikke umiddelbart kan afvises. Det løsningsforslag bliver så vores nye foreløbige viden – for måske kan vi tilbagevise det i morgen under nye betingelser. Der er altså aldrig tale om at 'bevise' noget i videnskaben, men kun om at aflive fejlagtige og skadelige antagelser. Viden bliver i det perspektiv en flydende og hele tiden udviklende størrelse, drevet frem af rationel kritik. Alene af den grund står Poppers vidensbegreb i direkte kontrast til Platons historicisme, hvor viden jo handler om begrebernes oprindelse i det guddommelige.

Poppers beskrivelse af den videnskabelige proces betyder, at hvis præmisserne plus hypotesen er sand, så er løsningen det også. Omvendt betyder en falsk løsning, at enten hypotesen eller præmisserne er forkerte. Når resultatet af Platons tanker om Idealstaten ender i det uacceptable, nemlig i det totalitære, så er enten hans behandling af genstandsfeltet fejlagtigt, eller også er udgangspunktet – at viden grunder sig i det guddommelige – en falsk præmis. Eller begge dele er falske!

Videre betyder dette, at den videnskabelige objektivitet handler om metoden, ikke om den enkelte forskers holdning til det aktuelle genstandsfelt. Objektiviteten opstår i og med kritik af de fremsatte hypoteser, og her bidrager hele det videnskabelige samfund – det er derfor produktkravet for videnskabeligt ansatte er artikler, som udsættes for kollegers kritiske blik. Så hvor Platon forlanger ensretning af synspunkter under førerprincippet, fordrer Popper løbende debat og kritik – både på det videnskabelige og det praktisk-politiske felt.

Staten bør afbalancere sin styring og magtanvendelse holdt op imod borgernes ret til frihed. Er friheden ikke reguleret, risikerer den at degenerere til anarki. Er styringen for omfattende, får samfundet en totalitær karakter. Det væsentlige er, at borgerens frihedsrettigheder værnes mest mulig. Hvilket kun lader sig gøre med en vis grad af regulering og styring – svarende til det individuelt-altruistiske felt i Poppers Matrix.

Demokrati og den demokratiske proces forbliver på denne måde anti-revolutionær, men uden at fornægte udvikling og nytænkning. Gennem gentagne små eksperimenter opsamles og revideres viden og erfaringer.

Opsamlet og foreløbig bekræftet viden kan efterfølgende anvendes problemfokuseret (se nedenfor om den problemfokuserede løsningsmodel) i både tekniske og sociale løsninger – at bygge en bro eller indrette et plejehjem.

Demokrati betyder, at vi skal strides, men med regler. Ikke nok med det: vi ønsker og fremmer striden, for den er forudsætning for forandringer – præcist sådan som Platon så det, fra det diametralt modsatte udgangspunkt!

Striden fordrer, at vi civiliserer os og vore aggressioner.

Derfor er det vigtigt med institutioner, der hele tiden kan vurdere de løbende eksperimenter. Og derfor kan man heller ikke ændre flere eller mange institutioner på samme tid, for så kan vi ikke opretholde kontrollen med vore eksperimenter og se om de afhjælper den øjeblikkelige elendighed – hvilket jo grundlæggende er argumentet imod revolutioner *a la* den utopiske rationalisme.

Ovenfor omtalte Joanna Swann (Swann & Pratt 1999:61f) opstiller et tydeligt metodisk forslag til en kritisk-rationel undervisningsplanlægning. Forslaget består af ni punkter, der her er almengjort:

1. Udgangspunktet er den øjeblikkelige situation: Hvad ved vi om situationen og om vores viden, færdigheder og kompetencer? Hvor har vi vores styrker i forhold til situationen? Ved at starte med det, der går godt, undgår man 'at smide barnet ud med badevandet'.

2. Dernæst formuleres det praktisk problem: Hvad går ikke så godt lige nu? Hvilke ændringer kunne jeg tænke mig? Her formuleres 'problemet' P1 jævnfør læringsformlen og 'den øjeblikkelige elendighed'.

3. For det tredje spørges der til, hvad der kan forhindre en løsning af problemet. Fokus er ikke på ønskelige mål i det fjerne, men på synlige barrierer for forandring. Derfor fokuseres der heller ikke på nye gennemgribende løsningsmodeller, der meget vel kunne skabe nye og uforudsete problemer.

4. De forhindringer, der ser ud til at kunne løses, udvælges. Det betyder ikke, at man lægger enhver snak om andre negative tilstande på hylden, men kun at man bruger sin energi der, hvor det betyder en forskel.

5. Formulering af løsningsforslag i forhold til de udvalgte problematikker. Her kan der brainstormes, der kan leges med idéer og teorier, og også med idealer og 'den bedste af alle verdener',…

6. …men der skal i sidste ende vælges en vej eller et skridt at gå. Det svarer til TT i læringsformlen.

7. Med udgangspunkt i den valgte metode opstilles en række hypoteser og måske endda konkrete tegn, der beskriver:

   a. Hvilke forandringer af situationen skal vi forvente at observere, hvis metoden skal kunne bekræftes?

   b.   Hvilke forandringer af situationen må vi ikke kunne observere, hvis metoden skal kunne bekræftes?

8. Ændringerne gennemføres ud fra den valgte metode. Undervejs observeres hvilke tegn, der bliver synlige (om nogen!). Det svarer til EE i læringsformlen. Hold også øje med utilsigtede processer og resultater, der næsten altid følger med en planlagt handling. Erkendelsesteoretisk betyder det, at vi forstyrres af det ikke-forventede, af det, der springer i øjnene, fordi vi havde forventet at se noget andet.

9. Efterfølgende evalueres forløbet ud fra spørgsmålene: I hvilken grad lykkedes det mig at formindske det oprindelige problem? Hvilke uventede problemer og processer dukkede op undervejs? Var den valgte metode tilfredsstillende, eller burde vi have gjort noget andet?

Arendt modstiller den amerikanske revolution og dens grundlæggende demokratiske tilgang i forhold til den franske revolution som beskrevet ovenfor. Hvor den franske havde fokus på medlidenheden, fokuserer den amerikanske på medfølelsen – med et markant andet resultat.

I den amerikanske revolution formes det politiske menneske med fokus på samtalen, på kappestriden og medfølelsen. Medfølelsen er altid specifik, dvs. rettet mod den konkrete Anden. Den gør tavs og den fordrer løsningshandlinger *sammen med* den Anden. I Poppers

Matrix vil det betegnes som individuel altruisme. Derfor bliver slagordet også *Life, Liberty and the pursuit of Happiness.* Retten til liv er det grundlæggende, og skal sikres af staten. Friheden er friheden *til* at handle på egne vegne *og* sammen med andre. Og retten til at søge lykken bliver rammen om et samfund i frihed, hvor en bestemt livsform ikke bliver 'den rigtige'. Dette er grundstenene i et liberalt og åbent samfund.

De to 'revolutionære' – den franske og den amerikanske – fremtrædelsesformer viser til to forskellige etiske holdninger.

I det franske spor ligger en fordring om altid at handle på vegne af den Anden ud fra en overbevisning om, hvad der er det bedste for vedkommende. Men det kan vi jo ikke altid vide, hverken på det individuelle eller det samfundsmæssige plan. Risikoen for at gøre skade, er derfor altid til stede.

Etikken i det amerikanske spor er en fordring om at handle sammen med den Anden om en afhjælpning af dennes problemer. En sådan etik forudsætter den lidendes accept og medvirken, og dermed også dennes ret til at afvise hjælpen – til at gå til grunde, hvis det er det, vedkommende vælger. Det politiske menneske er derfor handlingsetiker, hvor samtalen fremfor resultatet er det afgørende.

Man kan spørge, om de to frihedsforståelser hos Arendt, er virkelige eller konstruerede modsætninger. Ser man på 'frihed fra'-tanken som relateret til menneskets basale, fysiske livsbehov og 'frihed til'-tanken som relateret til selvrealisering øverst i behovshierarkiet, spiller begreberne snarere sammen; de tilsyneladende modsætninger bliver komplementære – hvilket indebærer en kritik af et ensidigt fokus, uanset hvad der fokuseres på.

En mere reel forskel anes mellem den lukkede franske definition af 'det gode liv' – som lighed og broderskab – og den åbne amerikanske – som friheden til selv forme sit liv.

EPILOG:

TRUSLERNE MOD DEN FRIE VERDEN

Truslerne mod den frie verden er legio. De kan ikke alle opsummeres og behandles her. Men en temaopdelt og i øvrigt uprioriteret liste i punktform giver en fornemmelse af den øjeblikkelige elendighed – som afsæt for en kritisk-rationel handlingstilgang.

GENERELT

- Siden Bretton Woods, der efter Anden Verdenskrig skabte en verdensorden med fri handel under *Pax Americana*, har vi, der tilsluttede os denne verdensorden, levet med en næsten herredømmefri demokratisk kommunikation. Den frie handel – også med kinesiske varer og russisk gas – har givet os en levestandard tidligere generationer ikke kunne fantasere sig til endsige turde drømme om. Men det er ved at være slut. Amerikanerne gider ikke længere garantere freden, Ruslands militære mål rækker til mere end det østlige og sydlige Ukraine – under dække af truslen om atomar krig og paddehatteskyer over Europa og Amerika – den kinesiske økonomi er ved at kollapse under vægten af en aldrende befolkning og en enorm gældsbyrde og Putin har selv gjort russisk gas til en vare, vi alle løber skrigende væk fra. Det gør fremtiden mere end usikker for de fleste af os. Men ét er sikkert: det bliver herredømmets kommunikation, der kommer til at overtage verdensscenen. Og det bliver med Platons Idealstaten som drejebog! (Zeihan 2022)

Entartete kunst

Entartete kunst eller degenereret kunst var for nazisterne kunst, de ikke brød sig om. Retninger som blandt andet kubisme og ekspressionisme var for dem kunstformer, der var så degenererede i forhold til idealet, der skulle vise tyskerne deres hjemstavnsret og historiske plads, at de ikke alene var værdiløse men direkte skadelige.

Dagens censur af kunstneriske ytringer, der mishager fordi de kan forbindes med noget uønsket og derfor forlanges fjernet fra det offentlige rum, spiller på samme udemokratiske og totalitære takter som nazisternes forbud mod *entartete kunst*. Det er en effektiv måde at undgå en oplysende og demokratisk samtale på – at fjerne det man ellers kunne have talt sammen om.

- Sociale medier var i nullerne udråbt som demokratiets nye redskab – den globale landsby – med samtale og dialog uden begrænsninger og med ytringsfrihed for alle. Men det var en Pandoras æske: I dag står Facebook for begreber som misinformation, charlataner, konspirationsteorier, hadtale og antidemokratiske udsagn. De uregulerede sociale medier blev det modsatte af det vi håbede på: redskaber til fremme af voldelige modsætninger og borgerkrige. De styrende algoritmer er engagerende og selvforstærkende i retning af ensporing af nyheder, meninger og synspunkter. Jo længere en diskussionstråd til et nyhedsindslag er, desto hårdere bliver tonen ofte – man skal hele tiden overgå hinanden i udtrykket. De sociale medier fremmer 'dark horses'. De traditionelle 'dørvogtere' for ytringer er borte, og der er frit spil.

- Sociale medier er 'darwinistiske'; det er den stærkeste, der overlever – de stærkeste ytringer. Dermed er det, der skulle være et demokratisk redskab blevet det modsatte.

- Vi i Vesten aner ikke, hvor truede vores demokratier er. Vi troede de var stabile og havde uendelig levetid, for sådan var det fra 1945 til 2010. De sociale medier har skabt en sti, der er ved at udvikle sig til en motorvej, for fjender af demokratiet.

- Demokratier kan synes stærke og stabile som det danske, men historien viser os at selv sådanne demokratier kan fejle og blive til anokratier, diktaturer og udløse borgerkrige

- Bevægelser væk fra demokratiet ses i Tyrkiet, Ungarn, Rusland og Brasilien. Stærke ledere udnytter svagheder i eller svageliggør grundlovene, valgsystemerne og domstolene.

- Da De Klerk i Sydafrika åbnede for forhandlinger med Mandela, forhandlinger som Mandela aktivt gik ind i, blev den *de facto* borgerkrig, der rasede i landet om ikke bilagt så dog dæmpet i al væsentlighed. Derved undgik landet en reel ny borgerkrig. Samtale og forhandling er, hvor det overhovedet er en mulighed, en fredelig vej frem.

DANMARK

- Udelukkelse af pensum og forelæsere på universiteter, af hensyn til de studerendes følelser og krænkelses-potentiale, censurerer ytringer og er lige så undertrykkende som al anden undertrykkelse – og derfor udemokratisk og tendentielt totalitær.

- Håbet dør, der hvor protester ikke bliver hørt men i stedet undertrykt. Det kan lede til borgerkrig som i Syrien. Det kan være faren ved en styreform, også en demokratisk sådan, der ikke bygger på lige repræsentation og hvor 'the winner takes it all'. Derfor er et samarbejdende folkestyre som det danske meget stabilt og uden de store politiske udslag over tid – alle har et håb og alles ønsker indgår i den fælles politiske dialog.

- Når Dansk Folkeparti og andre tager afstand fra internationale konventioner om menneskerettigheder, plæderer de for stammesamfundet. Måske kan vi i Danmark leve med regler, der er baseret på såkaldte 'danske værdier', men det betyder jo så, at vi må anerkende f.eks. Cairo-konventionen om særlige muslimske menneskerettigheder – og det tror jeg vi vil have svært ved – samtidig med at det skaber en endnu mere opsplittet verden, med farer for nye krige.

- Tillid er, jf. Løgstrup, et meget dansk anliggende – kan vi danne os til tillid som en viljesakt?

- Dansk tillid: Vi stoler på myndighederne, og gør som vi bliver bedt om – det så vi under corona-pandemien. Det samme gør sig gældende i forhold til de politiske niveauer, også selv om vi kan være uenige med den førte politik. Det gør landet meget modstandsdygtigt i krisesituationer.

- Udbredelsen af politiske rettigheder og menneskerettigheder de sidste 100 år hænger sammen med FN's Deklaration om Menneskerettigheder. Den har været løftestang i en generel udvikling frem til for ca. 20 år siden, da det begyndte at gå tilbage igen. Når Dansk Folkeparti ønsker sig forbehold, ultimativt udtræden, af FNs deklaration vil det medfører en faldende score i Freedom House-rangeringen af demokratier. Det kan være skridt på vejen mod afvikling af demokratiet.

- Regeringer kan fjerne grundlaget for ekstremisme ved at reducere elendigheden, omfordele sociale goder og ved de gode eksempler vise, at det betaler sig at arbejde inden for systemet fremfor uden for det – den skandinaviske model!

USA

- Præsident Abraham Lincoln talte i 1858 om, at '*a house divided against itself cannot stand*'. Samtidig omtalte han '*squatter sovereignty*' – altså at nybyggere på nye territorier skulle kunne regere sig selv uden indflydelse fra Washington. Den idé står stærkt i Midtvesten og er en grundsten for Trumps vælgerbase.

- Den amerikanske højesteret fungerer som en politiseret forfatningsdomstol. Dommernes personlige overbevisninger har betydning for rettens domme.

119

Konservative dommere, der i dag udgør $^2/_3$ af standen, ser det som et legitimt mål at formindske både regeringens og myndighedernes indflydelse på den enkeltes liv. Det er en fordel for *pro-gunners* og *anti-vaxxers*. Det betyder, at der lægges mindre vægt på myndighedernes anbefalinger og arbejdspladsernes ret til at kræve mundbind og vacciner. Det går imod principper om risikoanalyse, der i andre sammenhænge sørger for sunde fødevarer, så færre bliver syge af det de spiser. Man forhindrer sagsanlæg mod grænsepolitiet for uretmæssig tilbageholdelse og overdreven brug af magt. Højesteret har frataget kvinder deres føderale ret til abort – og mange enkeltstater følger trop med betingelsesløse forbud mod abort og kriminalisering af abortrejser til stater, hvor abort endnu er tilladt. Og højesteret er tilsyneladende i færd med også at fratage amerikanerne retten til ægteskab mellem to af samme køn – og andre rettigheder erhvervet gennem de sidste mange år.

- Opioiderne får i dag middellevetiden i USA til at falde. Misbruget var først drevet af medicinalindustriens grådighed, nu af det illegale marked for rusmidler.

- Amerikanske generaler drøfter i nyhederne, fordi de er er usikre på emnet, om de væbnede styrker i tilfælde af påstået usikkerhed om et valgresultat vil følge den ene eller den anden af de politiske kombattanter. Det kan lede til splittelse i styrkerne og regulær borgerkrig. De autoritære tendenser i historicismen har skabt denne mulighed.

- Dommere i USA er politisk udnævnte, hvilket gør domstolene politiske – og derfor er de utroværdige for folk i almindelighed. Det hører til sjældenhederne i Danmark – sagen mod Morten Messerschmidt er en undtagelse, men hvor dommerens personlige antipatier dog resulterede i at afgørelsen blev annulleret.

- Udover den politiske bevægelse ind mod anokratiet, uanset fra hvilken side af det politiske spekter det sker, er mange borgerkrige kendetegnet ved en fraktioneret – opdelt og adskilt – befolkning, baseret på identitets- og værdirelaterede markører. Fraktioner kan godt være partipolitiske, og vil da ofte være båret af en personkult. Når én fraktion får overtaget og ikke tillader andre fraktioner at konkurrere om magten, dør demokratiet. Fraktionering har mange ligheder med det kollektivt-egoistiske felt i Poppers Matrix. De suger næring fra had og konspirationsteorier. Forskellen på land og by kan være en sådan fraktionering – byerne er mere unge, progressive, veluddannede, positive overfor globaliseringen og mindre religiøse end landet. Byens mennesker har derfor en større tendens til at omfavne nye trends, sammenlignet med landbefolkningerne. Kampen står mellem kosmopolitterne og landbefolkning. Borgerkrige baseret på fraktioner – der bliver nationalistiske og dermed værdibaserede – bliver ekstremt voldsomme, som vi så det i det tidligere Jugo-

slavien og i Rwanda. Begge stede blev befolknings-
grupper slagtet i massakrer alene fordi de tilhørte 'de
andre'.

- Demokratier kan bevæge sig i retning af superfrak-
tioner, hvor én gruppe får den altdominerende magt
– i Indien f.eks., hvor præsident Modi med alle mid-
ler fremmer hinduiseringen af landet på bekostning
af andre religiøse grupper. Barbara Walter (se bok-
sen om borgerbrig nedenfor) kalder det for *predatory
policy*. Argumentet overfor borgerne er ofte frygt,
frygt for selv at miste magt, frygt for at 'de andre' vil
gøre én hvad man selv vil gøre mod dem. Et om-
vendt kategorisk imperativ.

- Omvendt kan en gruppe, der ser sin indflydelse
følge en nedadgående bane – kaldet *downgrading* –
som en kanonkugle, der mister både hastighed og
højde, gribe til våben. Man får en følelse af magtha-
vernes illegitimitet. Og man mister håbet. Ofte kan
man tåle lav levestandard og afsavn, men aldrig at
miste anseelse og status – sådan som det de sidste
30 år er sket for den lavere, hvide middelklasse i
Amerika, primært i Midtvesten. Det var disse 'sons
of the soil' Trump formåede at mobilisere ved val-
gene i 2016 og 2020.

- Af frygt for Trumps uligevægt, gav den øverste le-
der for de væbnede styrker, general Mark Milley for-
håndsordre om ikke at udføre et atomangreb, hvis
Trump skulle beordre det.

- USA's scorer i Polity Project (se Figur 2 nedenfor):
  - Efter borgerrettighedslovgivningen, Watergate-undersøgelserne og Nixons afgang scorede man +10
  - Med valget i 2016 faldt scoren til +8
  - I 2019 faldt scoren til +7, grundet manglende samarbejde mellem lovgivende og udøvende instanser
  - 6. januar 2021 faldt USA til +5, og landet er således ikke længere et demokrati men i stedet et anokrati!
- I 2017 mente 8% i begge amerikanske partier at vold var acceptabelt. Nu ligger tallet på 33% for demokrater og 36% for republikanere!

Stammesamfundenes synlige symboler
Den ekstreme højrefløj – især den amerikanske – benytter sig af en række symboler, der dels gør dem genkendelige, dels signalerer en holdning. Tydelig blev dette, da konføderationens – Sydstaternes – flag blev båret gennem Kongressen under kupforsøget 6. januar 2021. Flaget symboliserer de slaveholdende Sydstaters racisme og deres udtræden af USA og dermed *de facto* landsforræderi.

- Faser frem mod vold:
  - Før-vold. Gruppedannelser, militiaer, våben. Udveksling af holdninger, ideer og manualer.

- o Begyndende konflikter. Nålestiksoperationer, ofte for at få regeringen til at overreagere.
  - o Åben vold. Vold over en bred kam, rettet både mod infrastruktur, institutioner og nøglepersoner. USA er på grænsen til denne fase
- Censur af skolernes undervisningsmateriale – især når det gælder temaer som race, køn og kønsidentitet. Censuren næres af og nærer selv frygten. Se afsluttende Heinrich Heine-citat
  - o Ligner McCarthy i 1950-erne og rindalismen herhjemme.
  - o Tegneseriebogen *Maus* censureres for at være for voldsom en skildring af Holocaust og livet i Auschwitz – som om!
  - o *Dræb ikke en sangfugl* censureres af venstrefløjen for at have en hvid helt i racespørgsmålet – Harper Lee fik da også *Presidential Medal of Freedom* i 2007 af præsident George W. Busch. Bogen bør i øvrigt læses sammen med Lees anden bog, *Sæt en vagtmand ud!* Det giver et mere nuanceret billede af forfatterskabet.
  - o Tendensen hænger sammen med den konstitutionelle adskillelse af det private og skole/stat og den grundlæggende antiautoritære holdning i USA – også selv om Trump er meget autoritær
- Voldsstrategier:
  - o Lavintensiv konflikt. Skaber generel frygt og oplevelse af usikkerhed.
  - o Intimidering. Kan få offentligt ansatte til at handle som terroristerne vil det.

- o Konkurrence mellem to eller flere grupper. Skaber en voldsspiral, for alle vil gøre det værre end de andre.
  - o Spolering. Angreb skal umuliggøre mere moderate politikker
- Venstrefløjens vold er på fremmarch som svar på højrefløjens bevæbning. I dag er 20% af angreb i USA udført af venstreekstremister, inkl. radikale miljøforkæmpere, dyreværnere, anti-globalister, antikapitalister og venstrefløjsvåbenlobbyister.
- Tilliden til regeringen i Washington er faldet fra 77% i 1964 til 17% i 2019.
- Mistilliden til valgsystemet er steget fra 35% i 1997 til 59% i dag.
- Sympatien for militært styre er steget fra 7% i 1995 til 18% i dag.
- USA er ved at gå i opløsning. Medlem af Repræsentanternes Hus, Marjorie Taylor Green har således brugt begrebet *national divorce*.

Mulighed for borgerkrig

Et år efter det mislykkede kupforsøg i USA svarer $^1/_3$ af alle amerikanere, at vold imod regeringen kan forsvares i nogle tilfælde. Tallet er steget fra 13% for 25 år siden. Andelen af borgere, der kan finde på at bruge vold imod regeringen, dækker ikke kun trumpister og andre, der ønsker at tilrane sig magten. Tallet dækker også vold imod en (tænkt) beviselig illegitim præsident, der nægter at anerkende et valgnederlag og bliver siddende ved militærets hjælp – altså samme konklusion, men med to forskellige udgangspunkter.

Med disse tal *in mente* og med det *de facto* sammenbrud af det amerikanske demokrati i slutningen af 2010-erne gisnes der igen og igen om muligheden for en ny amerikansk borgerkrig. Blandt andet afviser professor Barbare F. Walter fra UC San Diego, der forsker i borgerkrige verden over, ikke idéen. Det kan derfor være interessant at se på hendes forskning og på nogle af de tegn og karakteristika på forestående borgerkrig, som hun beskriver:

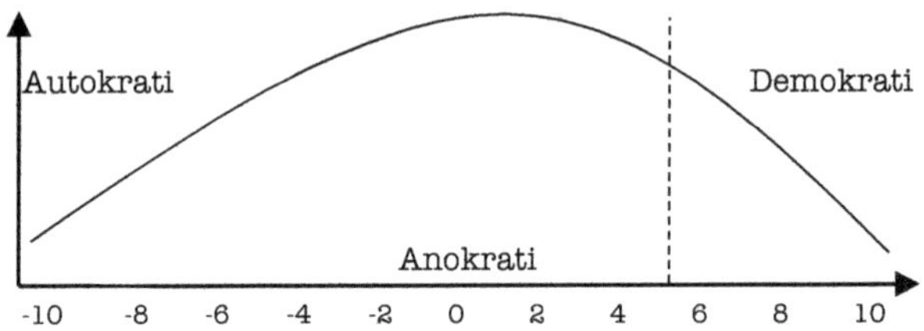

Figur 2. Sandsynligheden for borgerkrig (målt op ad Y-aksen) i forhold til et lands demokrati-score på en skala fra -10 (totalitære diktaturer) til +10 (fuldbyrdede demokratier). I demokratierne er der ikke grund til borgerkrig og i diktaturerne undertrykkes enhver opposition. Risikoen ligger i 'anokratierne', der hverken har troværdige demokratiske institutioner eller effektive undertrykkelsesmekanismer. Især er risikoen stor ved bevægelser ind i midterzonen. Borgerkrige i forbindelse med demokratiseringer har vi set i det tidligere Jugoslavien og i Irak, Libyen, Syrien og Yemen. Frygten er, at borgerkrige nu med større sandsynlighed vil startes med et demokratisk forfald ned i midterzonen – lande som USA og Tyrkiet er udsatte i den forbindelse. Derfor er kurvens toppunkt trukket lidt over mod demokratisiden. (Efter Barbara F. Walter)

For det første ser Walter tre adskilte perioder, når det gælder borgerkrige siden Anden Verdenskrig. Groft sagt var borgerkrige i perioden fra 1950 til 1992 udløst af klassemodsætninger, hvilket falder sammen med en akademisk interesse for marxisme og historisk materialisme. Fra 1992 til 2003 var det ofte etniske modsætninger, der drev borgerkrigene. I den periode fokuserede meget forskning på etnicitet og identitet. Siden 2003 er det typisk ideologiske og religiøse argumenter bag borgerkrigene, og hovedsagelig da islamisme. Der er dog intet i Walters forskning, der indikerer, at borgerkrig er en indbygget tendens i Islam. Tværtimod viser undersøgelser, at der i intet muslimsk land er mere end 15% af befolkningen, der støtter islamisk ekstremisme. Men der er nogle strukturelle omstændigheder, der muliggør ekstremisme og borgerkrig i de Islam-prægede lande. Først og fremmest har et flertal af landene gennem årtier haft undertrykkende regimer. I og med internettet har det været vanskeligt for magthaverne at opretholde undertrykkelsen, og befolkningerne er gået på gaden, sådan som vi så det under Det arabiske Forår i begyndelsen af 2010-erne. Det har fået regimer til at vakle, uden at nye stabile institutioner har kunnet tage over. Samtidig har udbredelsen af Islam fra Marokko til Indonesien og Filippinerne muliggjort både rekruttering af vrede, unge mennesker og finansiering fra olierige stater omkring den Persiske Bugt.

Især den nuværende periode er interessant i denne bogs sammenhæng, dels fordi ideologisk eller religiøst drevne konflikter har en tendens til at blive kompromisløse i langt højere grad end konflikter om landområder og ressourcer. Derfor fører den type konflikter ofte til krænkelser af menneskerettighederne, samtidig med at forhandlede løsninger vanskeliggøres.

Karakteristisk for de lande, der indenfor de sidste 20 år er gerådet i borgerkrig er:

- Lavt bruttonationalprodukt per capita. Selv om det ikke er gældende for USA, er indkomstforskellene vokset betydeligt og store dele af middelklassen, der tilbage i 1950-erne og '60-erne var bærere af 'den amerikanske drøm', er sunket ned i armod og elendighed uden udsigt til forbedringer.

- Høj arbejdsløshed. Selvom de vestlige økonomier på mange måde buldrer afsted, er der også i dem lakuner af strukturel skabt arbejdsløshed, for eksempel i tidligere områder for tung industri og kulminedrift.

- Repressive og korrupte magthavere. Når store dele af befolkningen i USA ikke har tiltro til de demokratiske spilleregler og mener, at Joe Biden er en illegitim præsident, spiller det lige ind i problemerne for verdens første moderne demokrati!

- Magthavere uden respekt for lov og orden. Når samme store minoritet af amerikanere, der anser Joe Biden for værende en illegitim præsident, støtter Donald Trumps kupforsøg i januar 2021, så er brikkerne støbt for ustabilitet og civil uro – for borgerkrig.

- Ideologiske modsætninger. Modsat det danske parlamentariske og samarbejdende demokrati, står to markante ideologiske holdninger overfor hinanden i USA. Helt siden Patrick 'Pat' Buchanan i 1992 erklærede Republikansk værdikrig og Newt Gingrich efterfølgende standsede ethvert samarbejde med Demokraterne, har kursen været lagt for partiets udvikling hen imod Trump og de højreekstremes overtagelse af magten. I det modsætningsforhold er der ikke plads til kompromisser og forhandlingsløsninger.

- Identitetsbaserede fraktioner eller grupperinger også fra venstrefløjen spiller på de ideologiske modsætninger og deres værdimarkeringer, der forhindrer den demokratiske samtale.

- Ekstreme ideologiske eller religiøse synspunkter fremmer rekrutteringen. Hvem melder sig ind i kampen for den næstmest islamiske gruppe, den næstmest *white supremacy*-gruppe eller den næstmest jødefjendske gruppe? En simpel markedsanalyse betyder, at sådanne grupper tenderer til at ville overgå hinanden i ekstremisme. Det gælder også i Vesten, inklusive i Danmark, hvor højrefløjspartierne anlægger en lignende analyse. De militante grupper i USA *gør* det samme.

- 'Rene' ekstremist-regeringer. Ekstremister, der kan slå sig op på ideologiske eller religiøse platforme, kommer til at fremstå 'rene' i modsætning til mere midtsøgende og forhandlingsvillige parter. Det giver dem en vis appel i forhold til moderate vælgere og borgere, der er trætte af de hidtidige politikere – hvilket også begynder at gøre sig gældende i den Vestlige verden.

- Globalisering og Web 2,0. Hvor vi i globaliseringens og internettets spæde start jublede over nye og uanede muligheder for kommunikation og handel i 'det afstandsløse samfund' (Min oversættelse af titlen på Cairncross' bog fra 1997: *The Death of Distance*), er internettet i dag blevet arena også for de anti-demokratiske og anti-globale kræfter. Nettet skelner ikke mellem dets brugere. Det var på Twitter Egyptens unge organiserede de store demonstrationer, der i 2011 fjernede diktatoren Hosni Mubarak fra magten. Men det var også gennem de sociale medier Stormen på Kongressen 6. januar 2021 blev organiseret.

- Internettets stammesamfund. Med nettet og de sociale medier er magthavernes monopol på nyheder brudt, og den enkelte kan uploade og dele information og videoer i real-tid. Når man individuelt kan vælge, hvem man vil følge, er der en tendens til frasortering af holdninger, der ikke stemmer overens med éns egne. Man vælger sig på den måde ind i internettets stammesamfund af ligesindede, der er uafhængige af geografisk spredning. Det kan være med til at radikalisere folk – som når man begrænser sit nyhedsforbrug til ensidige kanaler som Fox og OAN. Tendensen forstærkes af platformenes algoritmer.

Det er på den baggrund, at Barbara F. Walter ikke længere anser USA for værende et fuldbyrdet demokrati. Tværtimod anser hun landet for reduceret til et partielt og ustabilt demokrati, hvor endnu en borgerkrig på amerikansk jord er et realistisk scenarie!

- Man undgår borgerkrig ved at udbygge de offentlige institutioners kvalitet – det skaber håb og så griber man ikke til våben:
  - Regeringsførelse baseret på lovgivning
  - Åbenhed og tillid
  - Effektivitet
- Måske vigtigst af alt: Kan de øvrige fuldbyrdede demokratier holde skansen, hvis USA geråder ud i borgerkrig?

*****

Et mørke har sænket sig over den demokratiske verden. Ikke blot uden for byerne, hvor det astronomiske mørke hører til og er en forudsætning for drømme, stjerner og Mælkevejens brede bånd over himmelhvælvet. Nej, mørket sniger sig ind under gadelygterne og forbi de oplyste butiksvinduer. Det fylder gader og stræder. Det er et anderledes, ondsindet mørke, der gør ellers ordentlige og retskafne mennesker til hysteriske omstyrtere af det kendte. Troen på det institutionaliserede fællesskab med dets regler for afbalanceret magtfordeling undermineres af formørkelsens vrede mod 'systemet'. Demokratiet erstattes af stammesamfundets blinde lydighed under folkeforførerens ord. Villigheden til at leve under disse formørkede, ikke-demokratiske styreformer er stigende.

Men mørket rammer ikke udelukkende det politiske niveau. Formørkelsen sætter sig i den enkelte som en oplevet krænkelse. Kritikken af fortidens synder maner ikke længere til eftertanke og besindelse, men til destruktion og til statuer og buster smidt i havet – hvad de hysteriske omstyrtere ikke kan li', vil de slet ikke se eller høre om, som om problemet vaskes bort med en dukkert i havnen! De kloge unge mennesker på de højere læreanstalter tåler ikke det ubekvemme udtryk eller en hypotese i dialektisk modstrid med egne følelser – og udtryk og hypoteser censureres bort, som om følelser har noget med videnskab at gøre. Den symbolske bogbrænding er startet, og som Heinrich Heine skrev det allerede i 1821 som en dystopisk profeti (citatet er fra teaterstykket *Almansor*, der foregår i Granada, i det engang islamiske Spanien. Stykket er således ikke en profeti i sig selv, men et produkt af samtidens Romantiske æra) både om det tyvende århundredes rædsler og det enogtyvende århundredes *woke*:

> *Dort wo man Bücher verbrennt,*
> *Verbrennt man auch am Ende Menschen.*

LITTERATUR

- Baumann, Andreas (2018): *Forvaltningseksperter: Djøf'erne har reddet os fra græske tilstande.* MandagMorgen 10/4/2018
- Bibelen
- Böss, Michael (2021): *Jo, Jefferson var slaveejer og voldtægtsmand. Men vi bør fortsat hylde ham.* Kristeligt Dagblad, 30.11.2021
- Cairncross, Frances (1997): *The Death of Distance.* Harvard Business Scholl Press
- Hansen, Mogens Herman (u.a.): *Perikles' gravtale og hans lovprisning af det athenske demokrati.* AIGIS Supplementum III
- Harris, Marvin (1979): *Kannibaler og Konger – om økologiens indflydelse på kulturernes udvikling.* Berlingske Forlag
- Hayek, F.A. (2010): *The Road to Serfdom.* Routledge
- Ibsen, Henrik (2000): *Peer Gynt.* Norsk Gyldendal
- Jefferson, Thomas (1776): *The Declaration of Independence*
- Jensen, Bent (2017): *Ruslands undergang. Revolutioner og sammenbrud 1917-1921.* Gyldendal
- Kant, Immanuel (1784): *Beantwortung der Frage: Was ist Aufklärung?* Berlinische Monatsschrift.
- Korsgaard, Ove (1997): *Kampen om lyset.* Gyldendal
- Korsgaard, Ove (2004): *Kampen om folket.* Gyldendal
- Lincoln, Abraham (1858): *A house divided.*
- Marx, Karl (1970): *Kapitalen.* Rhodos
- Møller, Per Stig (1996): *Den naturlige orden. Tolv år der flyttede verden.* Gyldendal

- Oettingen, Alexander von (2003): *Det pædagogiske paradoks*. Kvan

- Pedersen, Ove K. (2014): *Konkurrencestaten og dens uddannelsespolitik – baggrund, intentioner og funktionsmåder*. I Knud Illeris (red.): Læring i konkurrencestaten – kapløb eller bæredygtighed. Samfundslitteratur

- Petersen, Michael Bang (2011): *Social Welfare as Small-Scale Help: Evolutionary Psychology and the Deservingness Heuristic*. Paper, Department of Political Science and Government, Aarhus University

- Platon (2009 – 2015): *Samlede Værker*. Gyldendal

- Popper, Karl (1973): *Kritisk Rationalisme*. Nyt Nordisk Forlag Arnold Busck

- Popper, Karl (1974): *Autobiography of Karl Popper*. I Paul Arthur Schilpp (ed.): The Philosophy of Karl Popper. The Library of Living Philosophers, vol. XIV. Open Court

- Popper, Karl (1992): *In Search of a Better World*. Routledge

- Popper, Karl (2002): *Det åbne samfund og dets fjender*. Bind 1, Platon. Spektrum

- Popper, Karl (2003): *All Life is Problem-Solving*. Routledge

- Popper, Karl (2007): *The Logic of Scientific Discovery*. Routledge

- Poulsen, Per Thygesen (2000): *Kaniner, vikinger og andre ledere*. Jyllands-Postens Erhvervsbogklub

- Riishøj, Søren (2016): *Ungarn under Orbán: Illiberalt demokrati og "uortodoks" økonomisk politik*. Samfundsøkonomen nr. 1, april 2016

- Swann, Joanna & John Pratt (1999): *Improving Education. Realist Approaches to Method and Research*. Cassell

- Walter, Barbara (2017): *The New New Civil War*. Hentet på www.annualreviews.org, 21/12/21

- Walter, Barbara (2022): *How civil wars start – and how to stop them.* Crown

- www.marxisme.dk

- Ydegaard, Torbjørn (2013): *Kritisk-rationel pædagogik.* BoD

- Ydegaard, Torbjørn (2017): *Hannah Arendt – kort fortalt.* BoD

- Ydegaard, Torbjørn (2020): *Peter Wessel Zapffe – kort fortalt.* BoD

- Zeihan, Peter (2022): *The end of the world is just the beginning.* Harper Business

'KORT FORTALT'-SERIEN

Kort fortalt er en serie af små bøger, der hver især behandler en tænker, en forfatter eller idé på en kort og let tilgængelig måde.

Formålet er således pædagogisk: at give læseren mulighed for på en forholdsvis ukompliceret måde at stifte bekendtskab en person eller et tema. Bøgerne foregiver ikke at være hverken udtømmende eller ultimative, og kan derfor kun anvendes som introduktion. Vil man fordybe sig henvises først og fremmest til originaltekster, og i anden række til sekundærlitteratur, der kan hjælpe til at forstå og nuancere originalteksterne.

Formålet med serien er også pædagogisk på en anden måde – nemlig i et underliggende valg af perspektiv. Som fagpædagog kan jeg ikke undlade at se tingene ud fra lige præcis dét faglige standpunkt. Det betyder, at andre perspektiver måske ikke kommer til deres fulde ret.

Valget af tænkere, forfattere og ideer er fuldstændigt subjektivt og uden hensigt om hverken at ramme bredt eller smalt.

Torbjørn Ydegaard

BAGKATALOG

Vandreture i Grønland
Sherpa – folket under Everest
Læsø Rundt
Slæderejser i Grønland
Vandreture i Nordsverige
Kritisk-rationel pædagogik
Alle har en historie (red.)
Everybody has a story (ed.)
Everybody has a story, III (ed.)
Alle har en historie, IV. Pædagogik med Freedom Writers
Reflections and Interpretations (ed.)
Alle har en historie, V (red.)
Get in Trouble (ed.)
Nils Faarlund – Samlede Verker I-IX (red.)
Hannah Arendt – kort fortalt
Laura Ingalls Wilder og amerikansk selvforståelse
Peter Wessel Zapffe – kort fortalt
Professionsetik for ledere i den grønlandske folkeskole
Lejrskole på Læsø (sammen med Daniel Ydegaard)
Grønlands Historie
Dear Freedom Writer (bidrag)